교실에서 바로 쓰는

초등독서수업

교실에서 바로 쓰는
초등 독서 수업

1판 1쇄 발행 2020년 12월 30일

지은이 김대권, 김영인, 박정미, 윤동호, 이민정, 최범언, 최연선

발행인 송진아
편　집 정지현
디자인 권빛나
제　작 제이오
펴낸 곳 푸른칠판
등　록 2018년 10월 10일(제2018-000038호)
주　소 경기도 안산시 단원구 광덕2로 216
팩　스 02-6455-5927
이메일 greenboard1@daum.net

ISBN 979-11-965375-4-8 13370

이 도서의 국립중앙도서관 출판예정도서목록(CIP)은 서지정보유통지원시스템 홈페이지(http://seoji.nl.go.kr)와 국가자료공동목록시스템(http://www.nl.go.kr/kolisnet)에서 이용하실 수 있습니다. (CIP제어번호:CIP2020053014)

교실에서 바로 쓰는
초등독서수업

김대권, 김영인, 박정미, 윤동호, 이민정, 최범언, 최연선 지음

푸른칠판

4차 산업혁명 시대의 독서교육

우리 사회는 4차 산업혁명 시대, 포스트 코로나 시대, 언택트 시대라는 표현을 사용하며 새로운 국면에 접어들었다. 산업혁명 시대에 맞는 인재를 키우기 위해 근대 국가에서 학교를 만들기 시작한 이래로 학교의 구조는 크게 변하지 않는데, 4차 산업혁명을 기점으로 기존 사회에 필요한 인간상과는 또 다른 핵심역량이 요구되면서 교육도 변화의 필요성을 인지하게 되었다.

현재 교육계에는 '교육 방법의 춘추전국시대'라고 할 만큼 다양한 교수·학습 방법이 나오고 있다. 새로운 교수·학습 방법들이 하나같이 표방하는 것은 이것을 통해 4차 산업혁명에 필요한 핵심역량을 키울 수 있다는 점이다. 그렇다면 4차 산업혁명이 불러올 미래사회에 필요한 역량은 무엇일까?

4차 산업혁명 시대에 필요한 핵심역량

2000년까지 미국을 포함한 선진국에서는 3R(독서, 글쓰기, 연산)을 강조했다. 그러나 4차 산업혁명 시대가 도래하면서 미래사회에 필요한 인재가 갖추어야 할 핵심역량으로 4C를 강조하기 시작했다. 의사소통 능력(Communication), 협업 능력(Collaboration), 비판적 사고 능력(Critical Thinking), 창의력(Creativity)이다. 4C는 로베르타 골린코프(Roberta M. Golinkoff), 캐시 허시-파섹(Kathy Hirsh-Pasek)이 쓴 책인 『최고의 교육』에도 나온다(책에서는 추가로 콘텐츠 습득 능력과 자신감을 언급한다). 미래사회가 요구하는 4C를 키우기 위해서는 대화를 통한 경청의 자세 익히기, 팀워크를 통한 협업 능력 키우기, 나의 생각을 간결하게 정리하고 스스로 질문하는 습관 키우기, 창의적인 질문 만들기 등과 같은 활동을 강조한다. 과거의 학교교육이 이해력, 독해력, 수학적 능력에 집중했던 것과는 다르게 인간의 사고와 내면적인 부분에 더 초점을 맞추고 있는 것이다.

미래사회에서는 누가 지식을 더 많이 가지고 있느냐보다, 누가 더 올바른 정보를 찾고, 그것을 자신의 것으로 해석할 수 있는지가 중요하다. 정보의 홍수 속에 살고 있는 지금, 많은 사람들이 유튜브나 인터넷 블로그를 통해 정보와 지식을 흡수하고 있다. 그래서 때로는 가짜뉴스에 현혹되기도 하고, 무비판적인 매체의 활용으로 인해 자신의 관점이 아닌 특정 관점에만 머무르기도 한다. 따라서 미래사회에 필요한 역량은 무엇이 옳고 그른지에 대한 자신만의 기준을 가지고 이를 판단할 수 있는 안목이다. 철학자 니체는 『즐거운 학문』에서 무비판적이었던 당시 사회를 비판하면서 이렇게 말했다.

현존재의 경이로운 불확실성과 애매성 한가운데에 머물며 물음을 던지지 않는 것, 물음의 욕구와 기쁨 앞에서 몸을 떨지 않는 것, 심지어 이 물음을 던지는 사람을 미워하는 것조차 하지 않고 그에게서 피로한 즐거움을 느끼는 것, 이것이 내가 경멸하는 것이다.

21세기 교육에서 가장 주목하고 있는 능력은 '질문하는 능력'이다. 하지만 질문하는 능력은 특정한 수업 기법에서 우러나오는 것이 아니라 학생 자신이 다양한 정보와 지식을 접할 때 그것에 대해서 '왜', '어떻게'라고 의문을 품고 답을 찾아 나가는 능력을 말한다. 즉, 정보를 그대로 받아들이는 것이 아니라 되짚어 보는 것이다.

의문을 제기하는 능력, 독서 안에서

일본 도쿄대학교 교수이면서 독서와 관련된 책으로 우리나라에서 큰 인기를 얻고 있는 사이토 다카시는 "독서는 나를 성장케 하고, 어떤 삶의 위기에도 넘어지지 않게 붙잡아 주는 강력한 도구다."라고 말한다. 그가 쓴 『독서는 절대 나를 배신하지 않는다』에서는 책을 꾸준히 읽어 나가는 사람은 이미 스스로를 통제하여 주도적으로 삶을 이끌어 나갈 수 있는 원동력을 지닌 사람이며, 생각이 깨어나 관념의 틀에서 자유로워진 사람이라고 말한다.

이 말은 이미 성공한 많은 사람들 중 독서가에 해당하는 사람들이 한 번씩 했을 법한 말이다. 너무 뻔하게 들릴지는 모르겠지만, 이 이유가 가장 맞는 말이다. 독서는 지식을 습득하는 것뿐만이 아니라, 글을 읽으며 끊임없이 의문을 제기하고, 자신을 반추해 보면서 계속 성장하게 만든다. 이렇게 쌓인 내공은 삶의 위기에서도 흔들리지 않는 버팀목이 되어 주며, 중요한 순간에는 현명한 선택을 할 수 있는 안목으로 나타난다.

독서의 읽기 모형을 연구한 굿맨(Kenneth Goodman)과 스미스(E. Brooks Smith) 역시 독서를 독자가 효과적인 전략을 사용해 정보를 얻는 적극적인 처리 과정이라고 정의하는데, 이는 독서를 통해 의문을 제기하며 자신에게 필요한 정보를 얻어 가는 활동이라고 본 것이다.

우리나라 독서교육의 변화 :
'아침 독서'부터 '한 학기 한 권 읽기'까지

우리나라 학교 교육과정에 독서교육이 제대로 들어오기 시작한 것은 2000년대 들어서 6차 교육과정 고등학교 교과목에 '독서'라는 과목이 생기면서부터다. 이전까지의 독서교육은 「학교교육 운영지침」 또는 「독서지도 활성화 방안」과 같은 장학지침으로만 내려왔을 뿐 교과 교육에 독서가 활용된 적은 없었다.

초등학교에서는 그동안 '아침 독서', '독서인증제' 정도로만 독서교육을 실시해 왔다. 2015 개정 교육과정에서 처음으로 국어 교과에 「독서」 단원이 신설되면서부터 초등학교도 독서교육을 제대로 실시하게 되었다. 2005년 학력 신장 방안의 일환으로 「학습 능력 향상을 위한 독서지도 자료」를 개발해 배포하였을 당시, 독서교육이 입시에 의해 변질되는 것이 아니냐는 우려가 많았다. 그러나 2015 개정 교육과정을 통해 독서교육은 국어교육과 연계되어 학생들의 실질적인 읽기 능력 향상에 기여하게 되었다.

2015 개정 국어과 교육과정에 처음 제시된 '한 학기 한 권 읽기'는 교과 시간에 한 권의 책을 깊이 있게 읽고 타인과 생각을 공유하며 자신의 생각을 표현하는 것이다. 그동안 주로 학교 수업 외 여가 시간 등을 활용하여 책을 읽게 지도한 데서 나아가 수업 시간에 책 한 권을 선정해 읽도록 하는 독서 활동이 강화되었다. 이는 국어과 교수·학습 및 평가 방향에도 '독서 시간 확보'라는 용어로 제시되어 있어 현 교육과정이 독서를 통한 학생들의 역량 신장에 많은 관심을 가지고 있다는 것을 알 수 있다. 즉,「독서」단원을 개설함으로써 학생들이 독서의 즐거움을 경험하여 독서 습관을 기를 수 있게 하고, 스스로 한 권을 읽고 타인과 자유롭게 소통할 수 있게 하는 데 목적을 두고 있다.

또한 '한 학기 한 권 읽기'를 교육과정에 명시한 것은 교사 중심의 수업에서 벗어나 학생 중심의 활동을 추구하려는 것이다. 기존의 독서교육은 학생들이 책을 읽기는 하지만 교사가 만든 활동지에 학생들이 수동적으로 참여하는 형태였다면, 이제는 기존보다 더 적극적인 표현 활동을 기대한다. 찬성·반대 형태로 틀이 잡혀 있는 독서 토론 형태도 가능하겠지만, 자유롭게 자신의 생각을 공유하고 다른 사람의 의견을 듣는 시간으로 독서 수업을 만들고자 한다.

처음의 독서교육은 입시의 수단으로 마치 실적을 쌓듯이 '나는 이 책을 읽었다', '읽지 않았다' 등의 형태로 사용되었지만, 2015 개정 교육과정에서는 책과 함께하는 경험을 쌓는 것을 목표로 하고 있다. 책을 읽고 학급 친구들과 대화하면서 다양한 경험과 추억을 쌓는 동시에, 비판적으로 사고하는 법을 배우고 인성과 창의성 또한 키울 수 있게 된다.

외국의 독서교육 : 통합 교과로서의 독서

2015 개정 교육과정 이래로 독서가 교과과정으로 들어온 우리나라와 달리 외국의 독서교육은 책이 바로 교과서라고 할 만큼 각 교과목과 매우 밀접하게 연결되어 있다. 그래서 처음 언어 습득 과정부터 독서와 연계되어 있는 경우가 많다. 교사들을 위한 독서교육 지도법은 책 속의 단어들과 관련된 발음 지도법, 맞춤법 지도법부터 시작한다.

영국은 초등학생들의 책가방에 교과서가 없고, 대신 책이나 자료를 모은 파일이 있다는 말이 있을 정도로 교과목을 다양한 책으로 가르친다. 초등학교 수업은 과목별이 아닌 주제별로 이루어지며, 교사는 주제와 관련된 책을 선정해 학생들과 함께 읽고 토론하면서 수업을 진행한다. 따라서 독서와 토론, 글쓰기 등이 수업의 핵심 활동이다. 평가도 문제 풀이식의 객관식 사지선다형이 아니라 자신의 생각을 쓰는 서술형 평가로 이루어진다. 국가 차원의 일제고사도 없기 때문에 수업은 교사가 재량권을 갖고 자율적으로 진행한다. 이러한 수업 방식 때문에 아이들은 평소에 책을 읽지 않을 수 없다.

미국의 경우도 마찬가지다. 예를 들어 과학 교과 중 양서류에 대해 배우는 시간에는 관련된 여러 권의 책을 참고하여 수업을 진행한다. 하다못해 외국의 지형을 배울 때는 『하이디』를 읽고 스위스의 지형과 자연환경을 배운다. 매 학기 시작될 때 그 교과목의 참고도서 목록을 소개하여 학생들이 교과서 외에 다른 책을 읽는 것은 자연스러운 현상이다.

우리나라의 현실1 :
문해력은 높지만 점점 독서를 싫어하는 아이들

우리나라 학생들의 문해력은 전 세계가 인정하는 높은 수준이다. 2018년도 국제학업성취도평가(PISA) 연구에 따르면 우리나라의 읽기 소양 순위는 전체 국가 중 6~11위를 차지한다. 늘 상위권을 차지해 왔으나 자세히 보면 그 순위는 점점 내려가고 있다. 다른 나라와 비교했을 때도 읽기 소양 평균점수가 유일하게 하락한 국가에 속한다. 학생들의 읽기 시간을 조사했을 때 약 60%의 학생(남자 60.7%, 여자 57.4%)들이 하루에 30분 미만으로 읽기 활동을 하는 것으로 집계되었다. 하지만 웹툰을 읽는 비율은 5.6% 증가한 반면, 소설과 비소설 읽기는 모두 감소하였다.

독서에 대한 학생들의 인식도 점점 부정적으로 변하고 있다. 독서는 시간 낭비라는 인식이 증가하였고(2009년도 PISA 결과 9.5%에서 15.5%로 6% 증가하였다), 필요한 정보를 찾기 위해서만 독서를 한다는 경우도 증가하였다(31% → 34%). 학생들은 독서의 즐거움을 점점 잃어 가고 있는 것이다.

그래도 아직 가능성은 보인다. 우선 자신을 좋은 독자라고 생각하는 비율이 70%가 넘는다. 읽기 능력에 대해서도 60%가 넘는 학생들이 '나는 어려운 글도 이해할 수 있다.'고 답함으로써 자신감이 있음을 알 수 있다. 무엇보다 '나는 다른 사람과 책에 대해 이야기하는 것을 좋아한다.'는 의견이 2009년도의 결과보다 증가하였다(38.5% → 45.3%). 이는 독서 교육 방법에 중요한 시사점을 가져다준다.

우리나라의 현실2 :
검색은 잘하지만 좋은 정보를 찾지 못하는 아이들

요즘 대부분의 학생들은 인터넷으로 모든 정보를 찾는다. 2018년 PISA 결과에서는 특정 주제에 대해 알기 위하여 온라인 정보 검색을 일주일에 여러 번 하는 학생이 전체의 약 75%(74.46)에 달했고, 하루에도 여러 번 하는 학생은 40%(40.01)가 넘었다.

이에 반해 학생들이 글을 읽는 능력을 비교해 보면 '나는 항상 무언가를 읽는 데 어려움이 있다.'에 해당하는 학생은 25%(25.52)에 해당하였으며, '글을 완벽하게 이해하려면 여러 번 읽어야 한다.'에 해당하는 학생은 50%(54.88)가 넘었다.

실제로 교육 현장에서도 학생들은 어려운 글을 잘 읽지 못하고 있으며, 이를 적극적으로 이해하려 하지도 않는다. 많은 학생들이 인터넷에서 자신에게 흥미를 주는 정보는 잘 찾지만, 실제적으로 중요하고 질 좋은 정보를 얻기 위한 문해력의 측면에서는 부족한 부분이 있는 것이다. 최근 교육과정에서도 '디지털 리터러시'라는 영역을 만들어 학생들에게 문해력을 키워 주려 하고 있는데, 문해력은 정련된 글들을 읽고 자신의 표현으로 만드는 데서 비롯된 것으로 독서교육에서 이루어져야 하는 일이다.

독서교육의 방향1 : 배움의 즐거움을 불어넣는 독서교육

『논어』「학이편」의 첫 문장은 '학이시습지 불역열호(學而時習知 不亦說 乎)'로 시작한다. '배우고 때때로 익히면 또한 기쁘지 아니한가.'라는 뜻

으로 배움의 즐거움을 나타낸 대표적인 구절이다. 심리학자들의 연구에서도 여러 즐거움 중 배움을 통해 얻는 즐거움이 일반적인 유희 활동을 통해 얻는 즐거움보다 더 크다는 결과가 있다.

배움이 일어나기에 가장 좋은 도구는 바로 독서이다. 5년여간 일주일에 1번씩 독서 수업을 진행해 왔는데, 독서 수업이 지루했다는 이야기는 한 번도 들은 적이 없다. 블록타임제로 80분간 하는 경우에도 "벌써 끝났어요?" 내지는 "아, 조금만 더해요."라는 말을 자주 들었다. 책을 통해 새로운 것을 알게 되고, 이야기를 통해 다양한 상상의 나래를 펼칠 수 있기에 학생들은 즐거운 것이다.

무엇보다 학급이 하나의 공통 관심사를 두고 이야기를 나누기 때문에 대화가 더 풍성해진다. 가끔 책 속에서 심각한 내용을 만나면 모두가 숨죽여 긴장된 상태로 이야기를 읽어 나간다. "아~ 좀 더 읽어 주세요." "이거 도대체 어떻게 된 거야?" 등의 반응을 접하면 마치 영화를 함께 보는 것 같은 기분이 들 때도 있다. 또 자신이 생각하지 못했던 새로운 사회의 이야기를 마주하면 수업 시간 내내 폭풍 질문을 하고, 서로 이야기를 주고받으며 궁금한 내용을 해결해 나가는 진귀한 풍경이 연출되기도 한다.

독서교육의 방향2 : 지식을 구분하는 안목을 키우는 교육

독서교육은 미래사회에 필요한 역량을 키워 주기에 적합한 교육 방법이다. 기존의 독서교육에서는 책을 읽고 자신의 행동을 되돌아보는 반성의 시간을 갖는 데서 그쳤다면, 앞으로의 독서교육은 내용을 파악하는 형태에서 벗어나 글의 내용에 의문을 제기할 수 있어야 한다. 궁극적으로 독서교육이 나아가야 할 방향은 책의 내용을 있는 그대로 받아들이는 것이 아니라, 나만의 이야기로 새롭게 만들 수 있어야 한다는 점이다. 스탠퍼드대학교 존 윌린스키(John Wilinsky) 교수는 그의 저서에서 앞으로 독서교육이 나아가야 할 길을 설명한다.

새로운 리터러시는 의미와 자아에 대한 간단한 이론에 바탕을 두고 있는데, 이는 언어 안에서 떠오르는 주관적인 본질에 관한 현재 생각과 만나는 것을 필요로 한다. 이러한 포스트모던식의 자아에 대한 불완전함은 학생들이 자기 자신에 대해 쓰고, 자기 자신의 목소리를 열심히 듣고, 다른 사람들의 작업에 대한 그들의 반응을 살피는 교실을 필요로 한다(John Wilinsky, 1990).

언어 안에서 떠오르는 생각과 자신의 생각이 새로 만나는 것은 다양한 가치관이 혼재된 포스트모던사회에서 꼭 필요한 과정이다. 책 속에서 발견한 내용을 일방적으로 흡수하는 것에서 벗어나 자신의 생각으로 표현해야 하고, 이를 다른 사람들과 공유하는 과정이 필요하다.

최근 많은 학자들은 이를 '비판적 문해력(critical literacy)'이라고 설명하며, 자신이 읽거나 습득한 지식에 의해 내 생각이 결정되는 것이 아닌, 자신이 주체적으로 답을 결정하고 그 의견을 정확하게 전달할 수 있어야 한다고 주장한다. 정보와 지식이 범람하는 4차 산업혁명 시대에 가장 필요한 것은 수많은 지식을 자신의 생각으로 표현하는 것이다. 따라서 지식을 넘어, 지식을 구분하는 지혜를 가르치는 교육은 앞으로의 독서교육에서 반드시 해야 할 일이다.

독서교육의 방향3 : 사회를 변화시키는 독서교육

독서교육은 책을 읽고 자신의 행동을 반성하던 것에서 더 나아가야 한다. 독서를 통해 다양한 간접경험을 할 수 있는데, 때로는 이 간접경험을 내가 사는 사회에 반영하고 변화시키는 과정이 필요하다. 책 속에 있는 사회와 자신이 속한 사회의 모습을 비교하면서 책 속 이야기가 우리의 삶과도 맞닿아 있음을 느끼게 해야 한다.

새로운 문해력은 개인의 의견과 표현을 만들어 내고, 공동체와 담론에 대한 새로운 인식을 확립하기 위한 것이다. 또한 새로운 문해력은 교실을 넘어선 사회의 변화를 이끄는 잠재력을 가지고 있다(John Wilinsky, 1990).

독서 후에 질문하는 방법은 처음에는 책 내용에 대한 질문을 만들어 내는 것부터 시작할 수 있다. 점점 나아가 인물에 대한 질문, 책 속의 사회가 보여 주는 모습에 대한 질문으로 이어진다. 교사와 학생들은 질문을 만들면서 생각을 더 확장시킬 수 있다. 학생들과 질문을 만들다 보면 "옛날에는 왜 여자들이 자기 생각을 말할 수 없었던 건가요? 그렇게 참고 있으면 답답하지 않나요?"와 같이 사회적 이슈로까지 넘어가는 질문이 만들어지기도 한다. 이러한 과정을 통해 자신이 바라는 사회를 더 구체화시키고, 앞으로 자신이 하고 싶은 꿈을 키우는 데도 연결된다.

독서교육을 하는 교사의 역할 : 열린 마음으로 다가가기

좋은 교사는 연결하는 능력이 있어야 한다. 교사는 교사 자신과 과목, 학생들 사이의 복잡한 연결고리를 잘 짜낼 수 있어야 한다. 이를 통해 학생들도 자기 자신을 세계와 엮는 법을 배울 수 있다. 이러한 연결 방법은 강의, 소크라테스식 발화법, 실험실에서의 경험, 창의적이면서 복잡한 문제를 협동해서 푸는 경험 등 다양한 방법 속에서 사용된다. 좋은 교사에 의해 만들어진 이러한 연결은 그들의 방법에서가 아니라 마음에서 나온다(Parker Palmer, 1998).

독서교육을 하는 교사들은 먼저 지도하는 도서와 관련된 다양한 지식을 갖고 있어야 한다. 이는 다양한 문제와 연결하는 데 도움이 된다. 학생들이 더 넓게 생각할 수 있도록 길을 열어 주기 위해서는 교사가 먼저 책을 읽고 선정한 도서와 연결 지어서 생각해 볼 수 있는 경험을 해야 한다.

그러나 이보다 더 중요한 것은 열린 마음이다. 비판적 문해력을 가질 수 있게 하기 위해서는 교사가 학생들에게 지식을 주입해서는 안 된다. 학생들은 교사가 예상하는 답변을 내놓지 않을 수도 있다. 이런 경우에도 교사는 열린 마음으로 학생이 그렇게 생각한 이유를 들어주어야 한다. 만일 그 내용이 잘못된 내용이라면 함께 반박함으로써 학생의 생각에 깊이를 더할 수 있는 조력자가 되어야 한다.

최근 몇 년 사이 교육과정의 변화에 발맞추어 학교 현장에서도 다양한 독서교육 방법이 시도되고 있다. 한 학기 한 권 읽기, 슬로우 리딩, 고전 읽기, 공부를 잘하기 위한 독서법 등 다양한 독서교육법이 나왔는데, 이는 '어떻게' 독서하는지와 '무엇'을 독서해야 하는지에 대한 것으로 나눌 수 있다. 독서교육에서는 두 가지 모두 중요하다. 독서를 향유하는 사람이 되기 위해서는 읽기 방법부터 교육하는 것이 필요하다. 또 어떤 책을 선정하고, 어떤 관점으로 학생들과 이야기해야 하는지를 구성하는 것도 중요하다.

이 책에서는 '무엇'과 '어떻게'를 동시에 다루었다. 독서하는 방법부터 독서한 후에 어떻게 교육해야 하는지, 가장 고전적인 방법부터 최근의 방법까지 수업 속에서 활용할 수 있는 다양한 독서교육법을 설명할 것이다.

1장 온작품 읽기 중심의 독서 수업

독서 수업의 어려움 중 하나는 어떻게 하면 '다 같이', '온전하게' 책을 읽을 수 있느냐이다. 수업을 하다 보면 어떤 학생은 너무 많이 읽고, 어떤 학생은 하나도 안 읽는 상황을 만난다. 책을 읽지 않는 학생은 자연스레 독서 수업에서 소외감을 느끼고 수업 참여도 어려워진다. 학교에서 학급 친구들과 함께 독서하며 스스로에게 성취감을 느끼고, 독서의 즐거움을 깨우치는 것은 매우 중요한 일이다. 학급에서 다 같이 할 수 있는 다양한 읽기 형태를 활용한 독서 수업을 소개한다.

2장 협동학습을 활용한 독서 수업

많은 독서 수업이 강의 형태로 이루어진다. 독서는 책을 읽은 다른 사람들의 이야기를 듣는 과정에서 새롭게 작품을 볼 수 있기에 소통이 무엇보다 중요하다. 협동학습은 소통을 하기 위한 최적의 도구로, 특히 케이건(Spencer Kagan)의 구조중심 협동학습은 이미 다른 교과 시간에도 많이 사용되고 있는 형태이다. 학생들이 명확한 역할을 갖고, 간단하게 수업 결과물을 도출하는 성취감을 느낄 수 있어 초등학생이 쉽게 참여할 수 있는 교수·학습 방법이다. 협동학습은 추상적 과제 해결을 위해 구체적으로 정보를 수집·분석하여 결론을 내리는 형태로 진행되는데, 이는 독서교육이 추구하는, 구체적인 사고에서 추상적인 사고로의 인지적 변화와도 맞닿아 있다.

3장 스스로 질문을 만드는 독서 수업

질문을 어떻게 하느냐에 따라 그 사람의 배움의 정도가 보인다는 말이 있듯이 좋은 질문을 만들어 내는 것은 매우 중요하다. 2015 개정 국어과 교육과정에도 학습자의 질문 생성에 대한 항목이 포함되어 있으며, 교과서의 각 단원마다 '질문하기'는 반드시 들어가 있다. 이렇듯 매우 중요하지만 학생들로부터 좋은 질문을 이끌어 내기란 참 어렵다. 이 장의 독서 수업에서는 모르는 것을 묻는 기본적인 질문부터, 학급 친구들의 생각에 반론을 제시하는 질문까지 다양한 질문을 다룰 수 있다.

4장 인성교육 중심의 독서 수업

독서 수업은 당연히 인성교육과 연결된다. 독서는 학생의 성격 형성에 영향을 미치는데 동일화 과정, 심상 형성, 주체화, 승화 등 다양한 과정을 거치게 된다. 따라서 교사는 독서를 통해 학생들이 올바른 선택을 할 수 있도록 안내해야 한다. 자신은 물론 상대방도 소중함을 깨닫고, 주변 사람과의 관계 속에서 어떻게 행동하고, 어떤 선택을 해야 하는지 배우고 실천해 봄으로써 바른 인성을 함양한 지혜로운 사람이 될 수 있도록 안내하는 독서 수업을 소개한다.

5장 스마트 미디어 기반 독서 수업

스마트교육은 이제 특별한 교육 방법이 아닌 일상적인 교육 방법이되었다. 원격 수업이 시작되면서 교사들은 스마트교육을 할 수밖에 없는 상황을 맞았다. '다소 아날로그적으로 느껴지는 독서 수업이 디지털기기가 즐비한 스마트교육과 잘 맞을까?' 하는 의문을 가질 수 있다. 스마트(SMART)교육은 Self-directed, Motivated, Adaptive, Resource enriched, Technology embedded의 약자로, 학생들이 자기주도적으로자신의 수준과 적성에 맞는 풍부한 자료와 정보통신기술을 활용해 학습을 유도하는 것을 의미한다. 이렇게 보면 독서교육과 너무나 잘 맞는 학습 기반을 가지고 있다. 이 책에서는 스마트 기기와 다양한 프로그램을활용한 독서 수업을 소개한다.

6장 예술과 연계한 독서 수업

학생들이 즐겨 읽는 문학 역시 예술의 한 분야이다. 문학작품을 소재로 한 미술, 음악, 공연 등도 많다. 이렇듯 독서는 예술과 매우 밀접해서융합 수업이 이루어지기 쉽지만, 자칫 잘못하면 음악 수업, 미술 수업으로 끝나게 될 수 있다. 예술과 연계한 독서 수업은 작품을 더 깊이 음미하고, 내면에 있는 감정을 끌어올릴 수 있도록 안내해야 한다. 앉아서 이야기만 하는 독서 수업이 아닌 적극적인 활동을 통해 자연스레 책을 접하기에 독서와 친숙하지 않은 학생들에게도 도움이 되는 수업 방법이다. 음악과 미술, 연극, 메이킹 등 다양한 방법으로 독서를 즐길 때 독서 수업은 통합교과로서 가치를 발할 수 있게 된다.

7장 놀이 활동 중심의 독서 수업

  놀이 활동은 수업에 활기를 불어넣어 주는 중요한 도구이다. 자칫 따분하게만 느껴지는 독서 수업을 더 즐겁게 만들어 주고, 학생들의 긴장감을 적절하게 유지하여 자신의 생각을 더 적극적으로 표현할 수 있게 해 준다. 일상적인 수업 상황보다 놀이 활동을 통해서 자신의 감정을 더 자유롭게 표현할 수 있어, 미처 생각하지 못했던 내면을 발견할 수 있는 시간을 갖기도 한다. 놀이 활동은 무엇보다 내적 동기가 더 강하게 발현되는 것으로 학생들이 스스로 생각하고 문제를 해결할 수 있다는 점에서 학습자를 능동적인 참여자로 만드는 효과가 있다.

목차

1장
온작품 읽기
중심의
독서 수업

학교에서 이루어지는 독서교육은 각 개인이 자신에 대한 인식을 바탕에 두고, 도서 자료를 매체로 자기 생활을 충실히 하며, 사회 적응을 위한 독서 인격의 형성을 계획적으로 원조하는 교육적인 활동이다. 즉, 독서하는 태도와 방법, 기술, 지식 등에 대해 안내하고, 독서에 흥미를 갖게 하며, 독서 습관을 형성해 스스로 독서할 수 있도록 이끄는 것이다.

하지만 안타깝게도 우리나라 사람들의 독서 실태는 교육정책이나 학교의 노력과는 반대의 양상을 보인다. 2015년 문화체육관광부의 「해외 주요국의 독서 실태 및 독서문화진흥정책 사례 연구」 보고서에서는 우리나라 국민의 독서율은 74.4%로 OECD 평균인 76.5%에 비해 낮은 것으로 조사되었기 때문이다(독서율은 일 년에 한 권 이상 책을 읽는 사람의 비율을 의미함). 또한 연령대별 독서율을 비교하면 45~54세 68.8%, 55~65세 51%로 OECD 평균인 75.8%에 미치지 못하는 모습을 관찰할 수 있다. 즉 우리나라 국민이 평생 독자로 성장하지 못함을 알 수 있다.

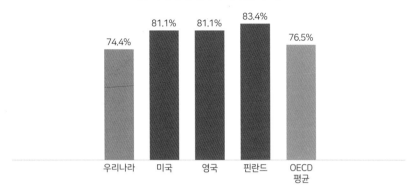

[우리나라와 해외의 독서율 비교]

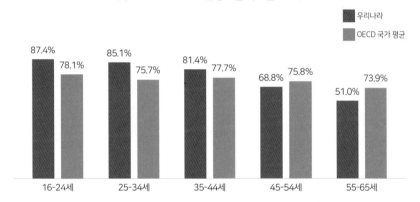

[우리나라와 해외의 연령대별 독서율 비교]

* 출처: 해외 주요국의 독서 실태 및 독서문화진흥정책 사례 연구(문체부, 2015)
* 이 보고서는 OECD 국가 중 21개국을 분석 대상으로 삼았다. 21개국은 대한민국, 네덜란드, 노르웨이, 덴마크, 독일, 미국, 벨기에, 스웨덴, 스페인, 슬로바키아, 아일랜드, 에스토니아, 영국, 오스트리아, 이탈리아, 일본, 체코, 캐나다, 폴란드, 프랑스, 핀란드.

    우리 사회는 1994년 「도서관 및 독서진흥법」 제정을 필두로 독서교육을 장려해 왔고, 특히 2007년 「학교도서관진흥법」을 제정하여 학교교육 내 독서교육을 위한 관련 법을 마련했다. 그리고 여러 정책을 바탕으로 도서관 설립, 장서 구축, 사서 교사 확보 등 독서교육의 하드웨어뿐만 아니라 독서교육 방법 개발, 독서 동아리 지원 등 소프트웨어 보급을 위해서도 오랫동안 막대한 예산을 투입해 왔다. 그럼에도 불구하고 위와 같은 결과를 초래한 우리나라 독서교육의 실태에 대해 정확히 파악하고, 향후 독서교육이 어떠한 방향으로 나아가야 하는지 좀 더 근본적인 질문을 던져야 한다.

현재 학교 현장에서 강조하는 독서교육의 특징을 크게 두 가지로 설명할 수 있다.

첫째는 '인성 독서'이다.

이는 일반적으로 독서를 통해 학생들의 바른 인성 함양에 도움을 주려는 입장을 갖는다. 그 예로는 4학년 국어 교과서에 실려 있는 '전기문 읽고 본받을 점 찾기'와 '감동을 나누며 읽기' 같은 내용적 측면이 있으며, 학교 차원에서 실시하는 '아침 사제 독서 시간', '다독상 수여' 등의 제도를 통해 독서를 장려하는 방법적 측면이 있다.

둘째는 '학습 독서'이다.

독서를 통해 지식을 획득하여 성적을 향상시키는 데 도움을 주려는 입장이다. 그 예로 분절적 텍스트라는 한계에도 불구하고 가능한 많은 제재를 국어 교과서에 담고자 하는 것이 있다. 또, 고등학교에서는 학교생활기록부에 학생이 읽은 책을 게재하여 학생이 교과 이외의 도서를 통해 획득한 배경지식을 확인하려 한다. 이어서 대학 입시를 위한 자기소개서에 의미 있게 읽은 책을 서술케 하여 전공하려는 분야에 대한 개인의 탐구 정도를 알아보려는 것이 그 증거이다.

하지만 인성 독서, 학습 독서 모두 각각의 한계를 갖는다. 인성 독서는 학생들이 고학년으로 올라갈수록 학습량이 늘고 성적에 치중하게 되면서 독서가 뒷전으로 밀려 그 효과를 거두기 힘들다. 입시를 위해 달려야 하는 시점에 인성 함양을 위한 독서는 학생들에게 쉽지 않은 선택이다. 이러니 독서는 시간이 날 때 하는 것이라는 생각이 공고해지는 것이다.

학습 독서는 교과 공부를 더욱 잘하려는 목적이기에 학습 전략이나 교과서에 제시되지 않은 배경지식을 제공해야만 그 의미를 갖는다. 즉, 현재의 독서교육은 독서가 지닌 그 자체로서의 가치를 중요하게 인식하기보다는, 교과 교육의 부족한 부분을 보완하기 위한 지식 습득의 방안 혹은 다양한 독서를 통한 학습 능력의 향상 등 도구적인 관점에서 독서의 중요성을 이야기하고 있기에 결국 학생들은 책에서 멀어진다.

이에 많은 연구자들이 독서교육의 문제점과 개선 방안에 대해 관심을 갖게 되었다. 먼저 현행 독서교육에 다음과 같은 문제점이 있다고 지적한다.

첫째, 일상적으로 이루어지는 수업과 동떨어져 있다. 아침 독서 시간에 읽기, 몇 권 읽었는지 기록하기, 독후감 쓰기, 도서관 활동, 독서클럽 활동, 책 읽어 주기처럼 독서와 일상 수업은 늘 별개로 움직인다.

둘째, 하면 좋은 것, 많이 읽으면 좋은 것 정도의 수준에서 양적인 독서, 흥미 위주의 독서만 반복해서 강조한다. 책을 온전히 읽는 교육보다 읽어 낸 책의 양이나 독후 결과물에 좀 더 관심이 있다.

셋째, 교과서에는 파편적이고 분절적인 텍스트가 가득하다. 학생들은 온전한 한 권의 책을 경험해 볼 기회가 부족하다.

다행스럽게도 최근 2015 개정 국어과 교육과정에서는 '한 학기에 한 권 읽기'에 따라 학교에서 '온작품 읽기'가 활발하게 이루어지고 있다. 온작품 읽기의 목적은 교사와 학생들이 함께 온전한 작품을 읽고 서로 이야기를 나누는 것, 더 나아가 학생들이 독서의 즐거움을 느껴 평생 독자로 길러 내기 위함이다.

온작품 읽기의 첫 번째 특징은 바로 '온전함'이다.

우리말에서 '온'이란 명사로서는 '백'을 나타내고, 관형사로서는 '모든'을 뜻하고, 접사로서는 '꽉 찬(완전)'을 의미한다. 즉, 온작품 읽기에서의 온전함이란 '한 권의 책을 온전히 다 읽는 것'을 뜻한다. 이야기의 기승전결 어느 부분에 해당하는지 가늠할 수도 없는 글 한 토막을 읽는 것보다, 온전한 작품을 읽고 이야기하는 것이 교육활동을 더욱 풍성하게 만들 수 있기 때문이다.

교과서의 분량이 제한적이다 보니 온전한 작품이 실리지 못하고, 그나마도 교과 영역의 갈래에 따라 잘게 쪼개진 형태로 실려 있다. 차시 목표에 매어 전체 맥락은 고려하지 않은 채 책의 일부만 인용되는 것이다. 이는 쪼개진 과목과 영역, 성취기준, 단원, 차시 등에 따라 효율성과 유용성이라는 측면에서 나눈 것인데, 벽돌 한 장 한 장을 잘 쌓다 보면 집이 완성될 수 있다는 기능주의적 관점이다. 하지만 전체적인 집의 구조도 모르고, 자기가 쌓는 벽돌이 어떤 쓰임새인지도 모르면서 벽돌 쌓기에만 열중하다 보면 제대로 된 집을 짓지 못할 수도 있다. 따라서 온작품 읽기란 온전한 작품을 통해 분절되고 흩어진 삶 자체의 전체성을 이루고, 마음과 몸, 지식과 삶을 한 작품처럼 보자는 뜻을 담고 있다.

온작품 읽기의 두 번째 특징은 다양한 '작품'이다.

온작품 읽기는 '온책 읽기'의 수정·보완적 독서교육 흐름이다. 먼저 사람들에게 이름을 알려 왔던 온책 읽기는 학습의 대상을 책에만 한정 짓는다는 한계가 있었다. 하지만 작품의 범주라 하면 쉽게 문학, 미술, 음악, 영화 등 다양한 예술의 갈래를 떠올리게 된다. 다양한 예술 작품을 통해 우리는 삶의 한 단면을 마주하고, 새로운 생각과 깨달음을 얻을 수 있다. 교육은 단순히 지식만을 가르치고 배우는 것이 아니다. 새로운 시각으로 삶을 바라보게 하는 교육은 다양한 작품을 통해 가장 효율적으로 이루어질 수 있을 것이다. 이에 독서교육자들은 책뿐만 아니라 다양한 작품을 접하는 것이 좋다는 결론을 내렸고, 온전한 만화, 온전한 시 한 편, 온전한 동화, 온전한 연극, 온전한 영화, 온전한 어린이 글 등을 모두 포함하는 것이 중요하다는 결론을 내렸다. 즉, 다양한 예술 작품을 통해 삶을 마주하고, 더 넓은 삶의 가치를 배우자는 뜻을 담고 있는 독서교육의 흐름이다.

온작품 읽기의 세 번째 특징은 '읽기'에 대한 재조명이다.

온작품 읽기에서 '읽기'란 단지 글자만 읽어 낸다는 뜻이 아니라, 다른 사람의 삶이나 다른 사람들이 만들어 놓은 예술로서의 작품, 이야기 등을 읽어서 내 삶으로 가져오는 역할을 한다. 삶, 영화, 만화, 동화, 그림책, 소설, 시, 연극 등에서 그 뜻을 읽어 내자는 것이다. 즉, 작품을 읽는다는 것은 일차적으로는 작품의 뜻을 헤아린다는 것이고, 더 나아가 작품의 가치를 탐구하여 내 삶에 적용해 보는 것까지 확대되어야 진정한 읽기라 할 수 있다. 이를 위해 작품이 던지는 질문을 탐색하고, 생각하는 과정에서 자연스럽게 자신의 삶과 연결하는 적극적 읽기를 지향해야 한다. 온작품 읽기는 온전한 작품을 적극적으로 읽는 것이며, 이를 통해 자기 삶을 주체적으로 바라보고, 함께 살아가는 공동체의 구성원으로서 성장을 지향하는 독서교육 방법이라 할 수 있다.

이렇게 본다면 온작품 읽기와 더불어 '쓰기'도 함께 고민해야 한다. 작품을 읽고 나서 하는 모든 활동은 결국 읽어 낸 사람들의 쓰기로 이어질 수밖에 없다. 예를 들어 '작품 속 인물의 삶 쓰기', '이어질 내용 자유롭게 상상하여 쓰기', '나라면 어떻게 했을지 상상하여 쓰기' 등으로 이어질 수 있다. 더 나아가 놀이, 말하기, 그리기, 전자 기기 등으로 표현할 수 있다. 즉, 온작품 읽기에서 쓰기란 단순한 글쓰기가 아니라 다양한 표현 수단을 포함하는 자신의 삶과 연결된 글쓰기의 의미를 지니고 있다.

종합하자면 온작품 읽기는 읽어 주기를 통해 작품을 '듣고', 그 과정 속에서 각자의 생각을 '말하고', 다시 작품을 '읽고', 자신의 생각과 느낌을 '쓰고', 친구들과 '토론'하고, 더 나아가 다시 깊게 '쓰는' 과정을 거친다.

따라서 이 장에서는 '한 학기 한 권 읽기'를 위한 독서 수업을 계획할 때 대상을 한정하지 않고 책, 영화, 글 따위를 모두 포함하는 온전한 이야기를 읽어 내는 것을 중심에 두고 우리의 삶과 연결 짓고자 한다. 즉, 작품을 듣고, 그 과정 속에서 각자의 생각을 말하고, 다시 작품을 읽고, 자신의 생각과 느낌을 쓰고, 친구들과 토론하고, 더 나아가 다시 깊게 쓰는 과정을 담아냈다. 이것이야말로 총체적 언어교육이며, 교실을 바꾸고 아이들의 삶을 바꾸어 나가는 실천적 교육 방법이기 때문이다.

온작품 읽기는 전통적인 결과 중심 읽기와 달리 읽기 전, 읽기 중, 읽기 후 등 읽기의 과정 전체를 강조한다. 과정별로 필요한 기능과 전략을

초등 독서 수업

지도하면 학생들의 실질적인 읽기 능력을 신장시킬 수 있다. 또한 책을 읽는 방식은 여러 가지이며, 효과적인 읽기 방식을 선택하는 것이 수업 효과를 더욱 증진시킬 수 있다. 이는 국어과 지도서 「8. 독서 단원 운영을 위한 교사의 역할」 중 '(2)교사는 다양한 독서 참여 형태를 학생들에게 안내하고 적용해야 한다.'는 구절과 일치한다. 이를 위해 적용 가능한 읽기 방법과 독서 참여 형태를 정리하면 다음과 같다.

[읽기 방법 및 독서 참여 형태]

읽어 주기	혼자 읽기	함께 읽기
• 끄덕이며 듣기 • 예측하며 듣기 • 낙서하며 듣기(중요 단어 표시, 인상 깊은 구절 밑줄, 자신의 감정 메모 등) • 인물 흉내 내며 듣기	• 혼자 소리 내어 읽기 • 마음속으로 읽기 • 낙서하며 읽기(중요 단어 표시, 인상 깊은 구절 밑줄, 자신의 감정 메모 등)	• 모둠별 읽기(한 바닥/한 문장씩/ 틀리면 받아 읽기) • 짝 읽기 • 전체 읽기

각각의 독서 참여 형태별 장단점이 있는데, 이를 잘 파악하여 읽기 방법을 적절하게 선택하는 것이 매우 중요하다.

먼저 학생 개별로 읽기를 진행하는 '혼자 읽기'의 장점은 학생 개인의 선호가 가장 존중될 수 있는 형태로, 학생마다 개별적으로 원하는 책을 골라 읽을 수 있다. 이는 학생들에게 다양한 책을 접하는 기회를 제공하는 데 유리하다. 하지만 각자 책을 읽기 때문에 책의 내용과 읽기 전략에 따른 통일성 있는 지도가 어렵다. 또한 읽기 과정에서 학생 간 소통에 제약이 있다. 따라서 독서교육보다는 독서 습관을 기르기 위한 읽기 방법으로 적합하다.

학급별 읽기인 '함께 읽기'는 동일한 부분을 읽기 때문에 책의 내용과 읽기 전략에 따른 지도가 가능하다. 또, 함께 읽음으로써 흥미와 관심을 유발하고, 자연스럽게 책의 내용에 대한 학생 간 깊이 있는 소통이 가능하다는 장점이 있다. 하지만 학생들의 선호도를 존중하지 못한다는 점은 단점으로 볼 수 있다. 따라서 학급 실태 및 학생들의 수준, 책 내용을 고려하여 적절한 읽기 방법을 선정하고 활용하는 것이 중요하다.

이 장에서는 '함께 읽기'를 바탕으로 처음부터 끝까지 책 한 권 읽기를 위한 여러 가지 유용한 방법을 공유하고자 한다.

함께 읽기
연간 계획 세우기

독서 수업 적용

독서 준비	독서	독서 후
■		

독서 수업에서 요구하는 역량

비판적 창의적 사고	자료 정보 활용	의사소통	공동체 대인관계	문화 향유	자기성찰 계발
	■	■			

세계적인 비즈니스 컨설턴트이자 베스트셀러 작가인 브라이언 트레이시 (Brian Tracy)는 "계획을 세우지 않는 것은 실패를 계획하는 것이다."라고 말했다. 계획이라는 것은 어쩌면 아직은 현실로 이루어지지 않는 관념 속의 추상적인 구상이 될 수도 있다. 하지만 그 구상이 좀 더 효과적인 힘을 발휘하는 데는 얼마나 현실적이고 구체적인 계획을 세우느냐에 달

려 있다. 따라서 중요한 것은 내가 무엇인가를 시도하거나 도전할 때 구체적인 계획이 있는지, 그 계획을 얼마나 체계적으로 실행에 옮길 수 있는지에 따라 성공과 실패가 좌우된다.

이는 독서교육에서도 중요한 요소이다. 성공적인 독서교육이 되기 위해서는 계획을 잘 세워야 한다. 다음에 소개하는 '함께 읽기 연간 계획 세우기'는 지난 3년간 독서 수업을 운영해 오면서 진행한 것이다. 매년 시간이 지남에 따라 수정되고, 더욱 구체화되어 발전해 왔다.

 ## 어떻게 진행하나요?

1. 일 년 동안 읽을 책을 선정한다.
2. 학년 수준, 주제, 갈래를 고려하여 월별로 필요한 내용을 선정한다. 이때 교과서에 수록된 책이나 학교(학급)에서 운영하는 권장도서를 활용하면 좋다.

초등 독서 수업

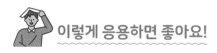

이렇게 응용하면 좋아요!

1. 일 년 계획 소개

월	주제	갈래	내용	책
3	자긍심, 학급 세우기	창작동화	집단 따돌림의 심각성을 깨닫고, 집단 따돌림 문제를 해결해 나가는 이야기	넘어진 교실
4	이웃, 행복	창작동화	이웃과 함께하는 행복을 깨닫는 이야기	우주호텔
5	개성, 성장	창작동화	자신이 복제인간이라는 사실을 알게 된 한 소년이 겪는 가슴 찡한 성장을 담은 이야기	복제인간 윤봉구
6	따돌림	창작동화	학교라는 공동체 안에서 가면을 쓰고 살아가는 아이들의 이중적인 모습을 날카롭게 담은 이야기	위험한 게임 마니또
9/10	이해, 존중	창작동화	선천적 안면기형으로 태어난 열 살 소년 어거스트 풀먼이 처음으로 학교에 들어간 뒤 벌어지는 일 년 동안의 일을 다룬 이야기	아름다운 아이
11	인권, 정의	창작동화	감정노동자들의 현실을 알리고, 우리 사회가 어떻게 이 문제를 해결해 나갈 수 있을지 고민을 던져 주는 이야기	행복마트 구양순 여사는 오늘도 스마일
12	나눔, 봉사	창작동화	구두쇠 스크루지 영감이 크리스마스 유령을 만나 자신의 과거, 현재, 미래를 돌아보며 완전히 새로운 사람으로 변한다는 이야기	크리스마스 캐럴
12/1	메타인지, 소통		올해의 내 책 선정하기	

2. 2017학년도 6학년 독서 수업 6월 계획서

– 활용 도서 : 위험한 게임 마니또(선자은 글, 푸른숲주니어)

기간	수업 내용	참고	수업 시간
6.1.(목) ~16.(금)	책 읽기	함께 읽기 / 돌려 읽기	매일 수업 시작 10분 전에 실시
	느낌 나누기	• 윤독하면서 인상 깊은 장면 찾기 • 인상 깊은 장면 짝과 이야기하기	
	논제 만들기	각자 자유 논제와 선택 논제를 1개씩 만들기	
6.19.(월)	마니또 게임 규칙 만들기	'안전한 게임 마니또'가 되기 위한 규칙 정하기	3교시 : 규칙 만들기
6.19.(월) ~23.(금)	마니또 게임 해 보기	일주일 동안 마니또 게임을 직접 해 보기	• 특별한 수업 시간 없음. • 다음 책 읽기 준비
6.26.(월)	마니또 발표	마니또를 발표하고, 느낌이나 생각 공유하기	3교시: 마니또 게임 소감 발표하기
6.28.(수)	독서 토론 수업	별점 주기, 자유 논제, 선택 논제 순으로 진행 (사회자는 교사가 함)	2교시: 독서 토론 하기

3. 2018학년도 6학년 독서 수업 10월 계획서

─ 활용 도서 : 행복마트 구양순 여사는 오늘도 스마일(조경희 글, 나무생각)

주제	갈래	내용	비고
인권, 정의	창작동화 (3~6학년)	행복마트에서 온종일 웃음을 지으며 고객을 왕으로 모셔야 하는 계약직 사원 구양순 여사와 그 아들 태양이의 이야기를 통해 감정노동자들의 현실을 알리고, 우리 사회가 어떻게 이 문제를 해결해 나갈 수 있을지 고민을 던져 주는 책이다. 구양순 여사는 오랜 생각 끝에 단체행동에 참여하고, 태양이는 노동에 대해 조사하는 모둠 발표를 통해 우리 사회의 노동 현실과 감정노동의 문제점을 알아가게 되면서 노동의 가치와 좀 더 나은 노동 환경을 고민하게 된다.	4차시 수업

차시	영역	활동	비고
1차시 (40분)	읽기 / 듣고 말하기	• 〈웃음을 사는 사람들〉 동영상 보고 느낀 점 이야기하기 • 영역 확장 : '감정노동'과 관련된 다른 책, 영화, 드라마 함께 나누기	흥미 유발
		책 7~82쪽 읽고 줄거리와 느낌 나누기 • 줄거리를 요약하여 이야기하기(짝 활동) • 82쪽까지 등장인물의 성격과 특징을 찾기(모둠 활동)	책, 활동지
2차시 (40분)	읽기 / 듣고 말하기	**책 83~155쪽 읽고 줄거리와 느낌 나누기** • 줄거리를 요약하여 이야기하기(짝 활동) • 책 전반부와 후반부의 이야기 흐름 변화 나누기(모둠 활동) • 가장 와닿은 부분 찾아 이야기 나누기(모둠 활동) • 읽고 토론하고 싶은 논제 찾기	책, 활동지
[선택] 3, 4차시 (80분)	읽기 / 말하기	**책 속 이야기 따라 해 보기** • '노동, 정의'를 주제로 하여 자료를 조사하고 발표하기 ※ 사회 4단원 「행복한 삶과 인권」에서 '일터에서의 인권'과 연계 ① 주제 정하기 ② 역할 분담하기 ③ 자료 조사 ④ 정리하고 발표하기	프로젝트
5차시 (40분)	토의토론	**토론하기** • 주어진 주제(논제)에 따라 모둠 토론하기 • 모둠별 토론 후 가장 공감하는 이야기 나누기	활동지
6차시 (40분)	쓰기	**주제 글쓰기** • '갑과 을이 없는 정의로운 세상, 노동을 위하여' 주제 연설문 쓰기 ※ 국어 6단원 「타당한 주장」 '연설문 쓰기' 연계	활동지

4. 2019학년도 6학년 독서 수업 11월 계획서

— 활용 도서 : 크리스마스 캐럴(찰스 디킨스 글, 시공주니어)

차시	1~2차시(80분) : 책 9~199쪽		
학습목표	1. 내가 아는 '스크루지 영감' 이야기 회상하기 2. 모둠별 함께 책 읽기 3. 책 읽고, 줄거리 나누기		
활동 단계	교수·학습 활동	시간 (분)	유의점/자료
생각 열기	〈구두쇠 스크루지 영감〉 동화 보여 주기 • 영상을 보고 생각을 나눈다. • 영상의 원서인 『크리스마스 캐럴』을 소개한다.	10	동영상(5분 33초)
본 활동	활동1. 모둠별로 영역을 나누어 정독하기 • 1모둠 : 9~56쪽 • 2모둠 : 57~104쪽 • 3모둠 : 105~151쪽 • 4모둠 : 152~199쪽	30	모두 읽는 데 시간이 부족하다면 충분히 시간을 주거나 쉬는 시간, 아침 활동에 더 읽도록 지도한다.
	활동2. 모둠원과 읽은 내용 확인하기 • 정독한 부분을 각자 요약하여 줄거리를 이야기해 본다. • 각자 중요하다고 생각되는 부분을 강조하여 줄거리를 간략히 이야기한다.	10	읽은 부분을 각자 요약하며, 중요하다고 생각하는 부분을 공유한다. - 활동지
	활동3. 다른 모둠에게 우리가 읽은 부분을 소개하고, 이야기 퍼즐 맞추기 • 각 모둠의 한 명이 다른 모둠에게 소개하고, 다른 구성원은 다른 모둠에게 소개를 받는다. • 각 모둠은 줄거리를 순서대로 정리하여 전체 줄거리를 정리한다.	15	Jigsaw 수업 모형을 적용하여 또래 학습이 가능하도록 안내한다.
	활동4. 정리한 내용 발표하기(모둠별) • 모둠별로 정리한 줄거리를 전체에 발표하고, 각자의 전체 줄거리를 공유해 본다.	10	활동지
마무리	자신이 요약한 것과 친구들이 요약한 것을 비교해 보고, 잘된 점과 보충할 점을 친구들과 이야기해 본다.	5	요약할 때 핵심 단어가 빠지지 않도록 지도를 한다.
더	〈크리스마스 캐럴〉(2009) 애니메이션 함께 보기		동영상(1시간 35분)

차시	3차시(40분) : 책 9~199쪽		
학습목표	1. 인상 깊었던 장면을 찾아보고, 그 까닭 이야기하기 2. 이야기와 현실 비교하기 3. 내가 할 수 있는 봉사와 기부 생각하고, 실천하기		
활동 단계	교수·학습 활동	시간 (분)	유의점/자료
생각 열기	● 지난 시간 함께 읽었던 『크리스마스 캐럴』의 줄거리를 이야기해 본다. ● 이야기 구조에 따라 요약한 내용을 줄거리로 이야기한다.	5	
본 활동	활동1. 인상 깊었던 장면을 찾아보고, 그 까닭 이야기하기 ● 『크리스마스 캐럴』에서 인상 깊었던 장면을 찾아보고, 그 까닭을 친구들과 이야기해 본다.	10	인상 깊은 부분을 글로 먼저 정리하고, 발표로 친구들과 공유한다. - 활동지
	활동2. 이야기 속 상황과 현실 비교하기 ● 『크리스마스 캐럴』 속 내용과 '2018년 경기 불황으로 자선냄비 기부금이 줄었던 뉴스'를 보고, 이야기 속 상황과 현실을 비교하고, 친구들과 의견을 공유해 본다.	10	모둠끼리 의견을 먼저 공유하고, 전체와 다시 생각을 나누는 방법을 활용하여 의견 공유를 다양하게 시도한다. - 동영상(1분 51초)
	활동3. 내가 할 수 있는 봉사와 기부 생각하고, 실천하기 ● 스크루지처럼 되지 않기 위해서 내가 할 수 있는 선행과 봉사에는 어떤 것이 있고, 직접 실천할 수 있을지 이야기 나눈다.	10	학교(학급)에서 시행하는 불우이웃 돕기 운동과 연계하여 적극 실천할 수 있도록 의견을 나누도록 하는 것도 좋다.
마무리	● 3차시에 진행한 3가지 활동에 대해서 간단히 정리해 본다. ● 다음 시간에 진행할 그룹 토론과 관련하여 학급 친구들과 나누고 싶은 논제를 만들어 오도록 안내한다.	5	미리 학습지를 제공하고 논제를 만들어 오도록 과제를 부여한다.

차시	4차시(40분)		
학습목표	1. 이야기 속에 나오는 내용으로 논제를 정하여 자유 토론을 한다. 2. 자신의 의견을 활발하게 표현한다.		
활동 단계	교수·학습 활동	시간 (분)	유의점/자료
생각 열기	• "복잡한 인생의 길에서 이리 비집고 저리 비집고 해서 제 갈 길을 헤치고 살아가려면 인간적인 동정심 따위는 얼씬도 못하게 해야 한다는 것이, 세상 이치에 밝은 이들이 이야기하는 이른바 '실속'이라고 스크루지는 철석같이 믿고 있었다(12~13쪽)."에서 스크루지가 생각하는 실속이란 무엇인지 생각해 본다.	3	'실속'의 사전적 의미 : 겉으로 드러나지 아니한 알짜 이익
본 활동	**활동1. 논제 만들기** • 친구들과 의견 나누어 볼 논제를 만들어 본다. • 친구들이 자신의 생각을 자유롭게 이야기할 수 있는 '자유 논제'를 1가지 만든다. • 친구들이 찬성과 반대를 선택하여 자신의 생각을 자유롭게 토론할 수 있는 '선택 논제'를 1가지 만든다.	7	논제 만들기는 가급적 과제로 부여하고, 수업 시간에 논제를 다듬도록 지도한다. - 활동지
	활동2. 모둠별로 자유, 선택 토론하기 • [활동1]에서 만들어진 논제 중 의견을 나누고 싶은 논제를 1~2가지 정한다. • 논제에 대하여 자유롭게 자신의 생각을 발표해 본다. ※ 토론 진행 방법의 예 • 교사가 반 전체(또는 한 그룹 단위) 토론으로 진행할 수 있다. • 이야기 나누고 싶은 내용에 따라 모둠을 구성하여 모둠별로 이야기 나누는 방법을 사용할 수도 있다. • 모든 내용을 다루기에는 시간이 많이 부족하니 많은 학생들이 원하는 내용부터 이야기 나눌 수 있다. • 교사가 중요하다고 생각하는 내용부터 이야기 나눌 수도 있다.	20	• 모든 아이들이 토론에 참여할 수 있도록 독려한다. • 어떤 의견이든지 수용해야 한다는 것을 학생들에게 지도한다.
	활동3. 토론 평가하고 정리하기 • 오늘 모둠 토론을 하면서 느꼈던 점을 이야기해 본다. 잘한 점 또는 부족한 점에 대해 이야기해 본다.	5	가급적 모든 학생들이 돌아가면서 발표한다.
마무리	• 4차시에 걸쳐 진행한 독서 수업을 간략히 정리하고, 가장 기억에 남는 활동 또는 내용은 무엇인지 이야기해 본다. • 이 책과 독서 수업을 통해 느낀 점이나 배운 점은 무엇인지 이야기해 본다.	5	
더	논제를 만들 시간이 부족할 경우 「논제집」을 제공하고, 토론만 하는 것도 가능하다.		논제집

 이렇게 응용하면 좋아요!

첫술에 배부를 수는 없다. 아이들과 일 년 동안 꾸준히 함께 읽을 책을 정하는 것부터 시작해 보자. 그리고 처음부터 끝까지 함께 읽는 것만으로도 좋은 독서교육이 될 수 있다. 일 년이 지난 후 10~12권의 책을 정독했다는 것만으로도 아이들은 뿌듯해할 것이다. 그리고 그 속에서 함께 이야기할 수 있는 소재를 다양화하길 바란다. 교과서와 연계하여 재구성한다면 더없이 좋다.

처음부터 끝까지
함께 읽기

독서 수업 적용

독서 준비	독서	독서 후
	■	

독서 수업에서 요구하는 역량

비판적 창의적 사고	자료 정보 활용	의사소통	공동체 대인관계	문화 향유	자기성찰 계발
	■	■			

독서교육을 진행함에 있어서 가장 어려운 점은 모든 학생이 선택한 책을 스스로 읽지 않는다는 것이다. 따라서 학교(교실)에서 한 권의 책을 처음부터 끝까지 읽을 수 있도록 학급에서 함께 읽기 계획을 설계할 필요가 있다.

한 권의 책을 함께 처음부터 끝까지 읽는 데는 많은 노력이 필요하다.

무엇보다도 함께 규칙적으로 읽을 시간이 필요하다. 책의 갈래에 따라, 또는 학생에 따라 책을 읽는 데 걸리는 시간이 다르다. 보통 1차시 수업 시간 안에, 또는 하루 만에 한 권의 책을 읽는다는 것은 결코 쉬운 일이 아니다. 따라서 아침 활동 및 수업 시작 전후 10분을 적극 활용한다.

한 권의 책을 정독하는 데는 일주일이 걸릴 수도 있고, 한 달이 될 수도 있다. 기간 내에 많은 책을 읽는 것보다, 한 권의 책을 깊이 있게 정독하고 이해하는 시간을 갖는 것이 더욱 중요하다.

'함께 끝까지 읽기'는 분명한 힘이 있다. 한 권의 책을 끝까지 읽었다는 성취감을 갖게 한다. 한 달에 한 권씩만 읽어도 일 년에 12권의 책을 정독할 수 있다. 또 천천히 곱씹으며 읽을 수 있기 때문에 독해력 향상에도 큰 도움이 된다.

어떻게 진행하나요?

시간 내에 소리 내어 읽기는 함께 읽기의 가장 간단한 방법이다. 정해진 시간 내에 소리 내어 읽는 것이 가장 중요하다.

☑ 준비물 : 개인별 도서 준비
☑ 대상 : 전체, 모둠
☑ 시간 : 수업 시간 중 10~15분 활용
☑ 수업 대형 : 어떤 형태든 좋다.

1. 순서에 따라 책의 한 쪽씩 소리 내어 읽는다.

2. 앞 사람이 다 읽으면 뒷사람이 이어 받아 한 쪽씩 소리 내어 읽는다.

3. 시간 내 읽은 내용에 대해서 이야기를 나눈다. 읽은 내용 줄거리 요약, 이해하기 힘든 단어, 가장 인상적이었던 장면 등에 대해 이야기한다.

ㄷ자 수업 대형   소리 내어 책 읽기   짝끼리 이야기 나누기

4. 장점 : ① 책을 함께 읽음으로써 다 함께 정독할 수 있다.

         ② 소리 내어 읽으면서 학생의 독해력 및 이해력을 파악할 수 있다.

         ③ 인물의 말과 행동을 실감나게 읽으면서 흥미를 줄 수 있다.

5. 단점 : 학생 독서량의 개인차를 배려하기 힘들다.

 이렇게 응용하면 좋아요!

1. 제시된 전략 외에도 여러 가지 방법이 있다.

① 슬라이드(PPT)로 함께 읽기

② 주제 찾기와 요약으로 혼자 스스로 읽기

③ Reader가 읽어 주기

④ 활동지로 찾아 읽기

2. 소리 내어 읽기를 이어 받는 형태를 다양화할 수 있다.

① 시계(반대) 방향으로 읽기 : 시계 방향으로 한 명씩 읽는다.

② ping-pong 읽기 : 읽은 사람이 다음에 읽을 사람을 지목하여 읽는다.

3. 소설의 경우 인물마다 읽는 이를 지정하여 마치 희곡을 연기하듯 이
   야기를 읽을 수 있다.

4. 영화로 만들어진 소설의 경우 함께 읽고, 읽은 부분만큼 영화를 통해
   확인하면 좋다. 이는 이야기를 이미지화하여 이해하는 데 큰 도움을
   주고, 책을 읽는 데 더욱 흥미를 유발할 수 있다.

『동물농장』 읽는 장면

〈동물농장〉 영화 보기

 아이들과 활동 소감을 나눠요!

- 일 년에 한 권조차 제대로 읽지 못하던 내가 한 달에 한 권을 읽는 학
  생이 되었다.
- 친구들과 함께 책을 읽는 것이 재밌고 즐겁다.
- 10~15분 동안 책을 읽으면 지루하지 않고, 다음 내용이 궁금해서 나
  도 모르게 다음 페이지를 넘기게 된다.
- 함께 읽기 이후에 독서록 쓰는 것이 어렵지 않게 느껴졌다.
- 소리 내어 읽다 보니 발음도 좋아졌다.

초등 독서 수업

오디오북 활용하기

독서 수업 적용

독서 준비	독서	독서 후
	■	

독서 수업에서 요구하는 역량

비판적 창의적 사고	자료 정보 활용	의사소통	공동체 대인관계	문화 향유	자기성찰 계발
	■	■			

최근 오디오북 시장이 빠르게 성장하고 있다. 스마트폰 대중화와 더불어 인공지능 스피커에도 관심이 높아졌다. 이에 목소리 콘텐츠를 위한 투자와 홍보가 늘었다. 2018년 프랑크푸르트 북페어 콘퍼런스에서 발표된 자료에 따르면, 전년 대비 미국은 34%, 영국은 18%, 일본은 30%, 프랑스와 이탈리아는 80% 이상 오디오북 매출이 늘었다. 우리나라도 다르지

않아서 오디오북 유료 회원 수는 2018년 2분기 기준 약 35만 명으로, 전년 대비 337% 늘었다.

오디오북이 인기를 얻는 이유는 의외로 명백하다. 먼저 멀티태스킹, 즉 다중작업이 가능하다. 귀로 듣는 콘텐츠 특성 때문에, 이동하거나 청소하면서도 들을 수 있다. 라디오와 마찬가지로 눈으로 정보를 접할 수 없는 상황에서 정보를 접하게 해 준다. 다음은 휴식을 위해서다. 눈을 쓰지 않기 때문에 편안하게 쉬면서 재미있는 이야기를 들을 수 있다. 실제로 영국 오디오북 독자들은 멀티태스킹보다 휴식에 도움이 된다는 이유로 오디오북을 좋아한다고 말하기도 한다. 게다가 오디오북은 음악 콘텐츠에 가깝기에 책보다 '거부감'이 덜하다. 오디오북 콘텐츠는 종이책과는 다르게 읽기 위해 힘들일 필요가 없어 보이고, 연출이 들어가면 종이책 읽기보다 재미있다.

하지만 비판도 많이 받는다. 작년 '오디블'에선 작가를 고용해 오디블 전용 오디오북을 출시했다. 원본이 되는 책이 없는 오디오북이다. 이렇게 되면 라디오 드라마 같은 오디오 콘텐츠와 오디오북이 뭐가 다른지 알기 어렵다. 귀와 눈은 쓰는 감각이 다르므로, 학습에 적합하지 않다는 지적도 있다.

하지만 다양하게 변화하는 교육 현실에서 오디오북을 활용해 독서 수업에 적용해 볼 가치는 충분히 있을 것으로 보인다. 우선 읽기보다 듣기에 익숙한 요즘 학생들에게 더 친근하게 다가갈 수 있을 것이다. 또 앞서 이야기한 것과 같이 다중작업이 가능하기 때문에 등하굣길에도 가볍게 독서할 수 있는 장점이 분명히 있다. 이제 학교 독서 수업에서도 오디오북을 적극적으로 활용해 보는 시간을 가져 보자.

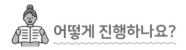 **어떻게 진행하나요?**

오디오북 활용이 가능한 스마트폰 애플리케이션이나 웹을 선택한다(스토리텔, 밀리의 서재, 윌라 등). 애플리케이션을 사용하지 않더라도 교사가 직접 녹음하여 오디오북을 제작할 수도 있다. 지역 도서관에서도 오디오북 대여가 가능하다.

☑ 준비물 : 개인별 오디오북 준비

☑ 대상 : 전체, 모둠

☑ 시간 : 수업 시간 중 10~15분 활용

☑ 수업 대형 : 어떤 형태든 좋다.

1. 교실에서 오디오북을 들으며 눈으로는 책을 함께 따라 읽는다.
2. 교실에서 오디오북을 메모하며 듣는다.
3. '일정 부분 듣고 오기' 과제를 부여하고, 들은 부분에 대해 함께 이야기 나눈다.

들으며 함께 따라 읽기

메모하며 듣기

과제 부여

4. 장점 : ① 학생 모두 책을 준비하지 않아도 된다.

② 듣기 자료(음원)를 공유하기 편리하다.

5. 단점 : ① 오디오북 애플리케이션을 사용할 경우 비용이 발생한다.

② 오디오북으로 제작된 도서가 한정되어 있다.

이렇게 응용하면 좋아요!

1. 교사가 직접 오디오북을 만들거나 직접 읽어 주어도 좋다.
2. '일정 부분 듣고 오기' 과제를 제시한다.
3. 일부 오디오북 애플리케이션 중에는 15~30일 무료체험 기간을 제공하기 때문에 이 기간을 활용하면 한 권 읽기는 무료로도 가능하다.
4. 1차시 분량(15분 안에 다 들을래요)을 활용하여 간단한 독서 수업을 진행해도 좋다.

아이들과 활동 소감을 나눠요!

- 책이 없어도 독서 수업을 할 수 있어 좋다.
- 등하굣길에도 들을 수 있다. 단, 교통사고를 조심해야겠다.
- 라디오 극장을 듣는 기분이다.
- 선생님이 직접 읽어 주실 때는 유치원 때로 돌아가 동화를 듣는 기분이었다.
- 책을 안 읽은 기분이 들어서 찝찝하다.

모둠별로 나눠서 함께 읽기
― 줄거리 기차

독서 수업 적용

독서 준비	독서	독서 후
	■	

독서 수업에서 요구하는 역량

비판적 창의적 사고	자료 정보 활용	의사소통	공동체 대인관계	문화 향유	자기성찰 계발
	■	■			

독서교육이 실질적으로 이루어지기 위해서는 읽기가 반드시 선행되어야
한다. 그러나 학생들은 독서 능력에도 차이를 보일 수밖에 없다. 개인적
으로 읽기에는 독서 능력의 차이가 크고, 모두 다 함께 읽기에는 시간이
부족한 경우가 많다. 이런 경우 절충할 수 있는 방안으로 모둠별로 함께
읽고, 줄거리를 정리하는 방법이 있다. JIGSAW를 활용한 다양한 수업이

진행되듯이 독서 수업에도 JIGSAW를 활용하여 전체 줄거리를 빠르게 확인하고, 학생들이 함께 책의 줄거리와 느낌, 생각을 공유할 수 있는 독서 방법을 활용해 본다.

 어떻게 진행하나요?

부분 나누어 모둠별로 읽기는 한 권의 책을 조금 더 빠르게 읽고자 할 때 책을 부분으로 나누어 모둠별로 읽는 것이다. 이때 이야기의 구조를 생각하여 발단, 전개, 절정, 결말로 미리 나누어 주면 더 효과적이다.

✔ 준비물 : 개인별(모둠별) 도서 준비, 독후 활동지
✔ 대상 : 전체, 모둠
✔ 시간 : 수업 시간 중 1~2차시 활용
✔ 수업 대형 : 4~6명 모둠

1. 이야기의 구조를 4단계로 나누어 모둠별로 한 부분을 배정한다.
2. 모둠별로 맡은 부분을 함께 읽는다. 혼자 묵독하기, 앞 사람이 다 읽으면 뒷사람이 이어 받아 한 쪽씩 소리 내어 읽기 등 다양한 방법이 있다.
3. 모둠원과 읽은 내용에 대해서 이야기를 나눈다. 읽은 내용 줄거리 요약, 이해하기 힘든 단어, 가장 인상적이었던 장면 등에 대해 이야기한다.
4. 모둠별로 읽은 내용을 요약하여 단계별로 발표한다.
5. 발단, 전개, 절정, 결말로 요약된 이야기를 모으고, 전체 이야기를 함께 종합한다.

초등 독서 수업

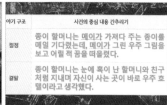

이야기 구조	사건의 중심 내용 간추리기
절정	종이 할머니는 메이가 가져다 주는 종이를 매일 기다렸는데, 메이가 그린 우주 그림을 보고 어릴 적 꿈을 떠올렸다.
결말	종이 할머니는 눈에 혹이 난 할머니와 친구처럼 지내며 자신이 사는 곳이 바로 우주 호텔이라고 생각했다.

모둠별 읽기   모둠별 맡은 부분 발표   줄거리 종합하기

6. 장점 : 각 부분을 나누어 줄거리를 요약함으로써 빠르게 전체 줄거리를 파악할 수 있다.

7. 단점 : 이야기 속 인상 깊었던 장면이나 세부적인 내용을 이해하지 못할 수 있다.

 이렇게 응용하면 좋아요!

1. 6학년 국어 2단원 「이야기를 간추려요」와 연계하여 활용하면 좋다.

2. 줄거리를 요약할 때 핵심 단어를 제시한다. 학생들은 줄거리를 요약할 때 반드시 포함되어야 할 단어나 이야기 흐름을 놓칠 수 있다. 이때 '반드시 사용할 단어'를 제시하고 줄거리를 완성하도록 지도한다.

3. 줄거리 기차를 활용해 본다.

① 반드시 사용해야 할 단어를 먼저 제시한다.

② 모둠 또는 전체 학생이 한 문장씩 이야기하며 줄거리를 완성한다. 이때 반드시 사용해야 하는 단어를 사용한다.

③ 이야기의 줄거리가 처음 시작 학생과 끝 학생까지 흐름을 유지하도록 하는 것이 관건이다. 이야기가 적절한 속도와 흐름을 유지하도록 여러

번 반복하면 더 매끄러운 줄거리로 정리된다.

④ 나열된 문장을 정리하여 줄거리를 완성한다.

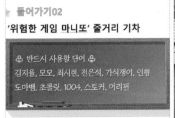
핵심 단어 제시

줄거리 기차 발표

줄거리 활동지

아이들과 활동 소감을 나눠요!

• 책을 꼭 처음부터 끝까지 다 읽지 않더라도 전체 이야기를 파악할 수 있어 좋다.

• 다른 모둠의 줄거리만 듣다 보면 내가 스스로 이야기를 자세히 확인하고 싶어서 다른 부분도 읽게 되는 효과가 있다.

연필 없이
글쓰기

독서 수업 적용

독서 준비	독서	독서 후
		■

독서 수업에서 요구하는 역량

비판적 창의적 사고	자료 정보 활용	의사소통	공동체 대인관계	문화 향유	자기성찰 계발
■	■				

뭐든지 글로 써서 풀어내면 머릿속 생각이 정리도 잘되고, 기억에도 오래 남는다. 단순히 눈으로 읽는 것보다 손으로 움직이며 한 번 더 보는 것이 암기도 빠르다고 하지 않던가. 어떤 책이든지 확실히 나의 것으로 만들고 싶다면 요약하자! 일단 요약하고 나면 다음에 어떤 활동을 하더라도 요약한 내용을 토대로 쉽게 진행할 수 있다.

독후 활동의 최종 종착지는 생각을 글로 쓰는 것이다. 그런데 글로 쓰는 것은 연필로만 가능할까? 우리 주변에는 독후 활동으로 활용할 수 있는 다양한 수단이 있다. 그중 IT 기기 활용도 대표적인 독후 활동 방법이다. 학급에서 사용할 수 있는 멀티미디어 자료를 활용해 본다.

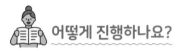 어떻게 진행하나요?

독서교육종합지원시스템을 활용해 본다. 독서교육종합지원시스템은 학생들이 학교 도서관에서 자유롭게 책을 읽고 컴퓨터상에서 다양한 독후 활동을 할 수 있도록 구성된 컴퓨터 기반 독서 활동 온라인 지원 프로그램이다. 이외에도 학교 홈페이지-학급 게시판을 활용하거나 Class123 애플리케이션을 활용할 수 있다.

1. 독서교육종합지원시스템(http://reading.ssem.or.kr)에 회원 가입을 한다. 학교 도서관에서 DLS 아이디를 사전에 발급받아야 회원 가입할 수 있다.

독서교육종합지원시스템 홈페이지   회원 가입 절차

2. 감상문 쓰기, 개요 짜기, 감상화 그리기, 독서퀴즈, 주제어 글쓰기 등의
독후 활동을 할 수 있다.

3. 독서 캠프, 사이버 독후감 대회 등 독후 활동 대회에 참가할 수 있다.

4. 독서 토론방, 독서 동아리, 우리 학교 토론방 등 독서 커뮤니티도 운영
할 수 있다.

5. 학생들이 활동한 각각의 독후 활동에 교사 확인이 가능하며, 별점 주
기, 독후 활동 추천하기 등 학생별 독서 지도를 손쉽게 할 수 있다.

6. 각급 학교에서 시행하는 '독서왕' 제도를 독서교육종합지원시스템을
통해 관리 및 데이터베이스(통계)화할 수 있다.

7. 학기말 종합 의견 등록, 독후 활동지 수록, 독서퀴즈 탑재, 독서 골든
벨 등을 운영할 수 있다.

다양한 독후 활동 기능   독서퀴즈

감상문 쓰기   독서토론방 활용

독후 활동 점검	독서의 계절 이벤트

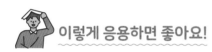 이렇게 응용하면 좋아요!

1. 개요 짜기는 책의 내용을 체계적으로 간략하게 정리하여 내용을 파악
   하는 활동이다.

2. 책의 내용을 전체적으로 크게 몇 부분으로 나눈다.

3. 각 부분의 중심 주제를 표의 왼쪽 칸에 적고, 오른쪽 칸에는 그 부분의
   중심 내용을 간략하게 요약하여 적는다.

개요 짜기(학생)	개요 짜기 교사 확인

아이들과 활동 소감을 나눠요!

- 독서 감상문을 꼭 종이나 노트에 쓰지 않아도 되어서 좋다.
- 언제, 어디서나 컴퓨터(스마트폰)만 있다면 활동할 수 있어서 좋다.
- 독서퀴즈를 내가 만들 수도 있고, 친구들이나 선생님이 만든 퀴즈를 풀 수도 있어 재밌다.
- 독서 이벤트에 참여하면 상품도 받을 수 있고, 독서 쿠폰을 통해서 학급에서 원하는 것을 얻을 수 있어 적극적으로 참여하게 된다.
- 스마트폰으로 보면 글씨가 너무 작아서 보기가 힘들고, 글쓰기가 불편하다.

원격 수업에서도 함께 읽기

독서 수업 적용

독서 준비	독서	독서 후
	■	

독서 수업에서 요구하는 역량

비판적 창의적 사고	자료 정보 활용	의사소통	공동체 대인관계	문화 향유	자기성찰 계발
	■	■			

2020년 코로나19 확산으로 학교 현장에서 원격 수업이 이루어졌다. 원격 수업은 여러 가지 제약이 많다. 우선 쌍방향 원격 수업을 하기 위한 환경을 구축해야 한다. 하지만 가정 형편이나 환경에 따라 힘든 경우도 있기 때문에 조심스럽게 접근해야 한다. 또 장기화되는 원격 수업에 대비해 온라인 쌍방향 수업 방법을 다양화하고, 수업의 질을 높일 필요도

있다. 이것은 독서교육에 있어서도 예외는 아니다.

독서교육에서는 수업을 진행하는 데 오히려 원격 수업이 더 용이하거나 편리한 점이 있다. 예를 들면, 책을 준비하지 않은 학생들을 위해 함께 읽고 있는 책을 즉석에서 공유가 가능하다. 또 독서 전·중·후 활동을 할 때, 다양한 온라인 매체나 애플리케이션을 접목할 수 있어서 수업의 흥미를 유발하는 데도 도움이 된다.

그럼 원격 수업에서 읽기 및 쓰기 지도가 어떻게 이루어질 수 있는지 살펴보자(이 장에서는 원격 수업 프로그램으로 Zoom을 이용하였다).

 ## 어떻게 진행하나요?

가장 기본적인 소리 내어 읽기를 원격 수업에 적용해 본다. 한 사람이 읽고 따라 읽어도 좋고, 한 사람이 한 쪽씩 읽기를 해도 된다.

☑ 대상 : 전체, 모둠
☑ 시간 : 수업 시간 중 10~15분 활용

1. PC, 스마트폰, 태블릿 PC 등 쌍방향 원격 수업 환경을 구축하고, 쌍방향 원격 수업 소프트웨어(Zoom)를 준비한다.
2. 화면 속 순서에 따라 책을 한 쪽씩 소리 내어 읽는다.
3. 앞 사람이 다 읽으면 뒷사람이 이어 받아 한 쪽씩 소리 내어 읽는다.
4. '독서 골든벨'을 통해 읽은 내용을 확인해 본다. 읽은 내용 줄거리 요약, 이해하기 힘든 단어, 인상 깊었던 장면 등에 대해 이야기한다.

화면 속 순서로 읽기

수업 장면 및 책 화면 공유

5. 장점 : ① 책을 준비하지 못했더라도 호스트(담임교사)가 해당 책의 페이지를 화면을 통해 공유하여 함께 읽을 수 있다.

② 독서 골든벨 활동을 통해 읽은 내용을 확인하고, 얼마나 이해했는지 확인할 수 있다.

6. 단점 : ① 원격 수업을 위한 개별적인 장비 준비가 어렵거나 미흡할 수 있다.

② 원격 수업을 하기 위한 교사의 꼼꼼한 사전 준비(운영 방법, 설정 등)가 필요하다.

1. Zoom '소회의실' 기능을 활용한 모둠(4~6명) 함께 읽기 및 독서 활동
   도 가능하다.
2. 독서 골든벨은 PPT를 통해서도 가능하지만, 퀴즈 웹페이지를 활용하
   면 접근성이 좋고, 흥미를 높일 수 있다. 또 정답 여부를 바로 확인할
   수 있다.

※ 퀴즈 웹페이지 : Kahoot, 아이스크림 ThinkerBell, Quizn(일부 유료)

소회의실 독서 활동　　　ThinkerBell 온책 읽기 자료　　　Quizn 독서 골든벨

 아이들과 활동 소감을 나눠요!

- 실수로 책을 준비하지 못했거나 구입하지 못했더라도 걱정할 필요가
  없다.
- 스마트 기기를 통해서 수업을 한다는 것 자체가 흥미롭고, 특히 집에
  서도 독서를 할 수 있어서 좋다.
- 책을 읽고 나서 읽은 내용을 Zoom 안에서 게임 형식으로 한 번 더 확
  인할 수 있어서 책의 내용을 기억하거나 이해하기 좋다.
- 장소의 제약을 받지 않아서 편하게 독서 수업에 참여할 수 있다.

2장

협동학습을
활용한
독서 수업

학문이나 교육에 있어서 독서는 가장 기본적이고 필수적인 활동이다. 독서는 인간의 사고력 신장과 가치관 형성에 중요한 영향을 미치고, 창의력을 길러 주며, 정서를 순화시켜 주는 역할을 한다. 정보화사회에서 자신에게 필요한 정보를 선택하고 활용하여 스스로 문제를 해결할 수 있는 능력과 소양을 갖추는 데 독서교육은 큰 영향을 미친다. 무엇보다 초등학교에서 형성된 독서 습관은 평생교육의 기틀을 마련해 주고, 자아를 형성하는 데 중요한 바탕이 되기 때문에 독서교육은 매우 중요하다.

교사들은 독서교육의 필요성을 절실히 느끼면서도 지도 시간과 자료가 부족하여 체계적이고 지속적인 독서교육을 하지 못하고 있다. 학생들은 TV나 컴퓨터에 관심이 많고, 학부모는 성적 위주의 교육에 더 관심을 쏟다 보니 가정에서도 독서교육이 소홀해지고 있다.

이런 점에서 학교 수업을 통해 독서교육을 시행하여 학생들이 독서 습관을 형성할 수 있도록 이끄는 교사들의 노력이 필요하다. 협동학습 방법을 적용한 독서지도 교수·학습 방법을 모색하고, 다양한 독서 활동을 통하여 독서 능력을 신장시킬 수 있다면 더 좋은 교육 효과를 볼 수 있을 것이다.

독서지도의 대부분이 강의에 의한 획일적인 교육으로 이루어지고, 학생 혼자서 책을 읽고 감상하는 것이 통례처럼 여겨지고 있다. 아무리 다양한 방법으로 독서 감상문을 표현하더라도 다른 사람과 공유되지 않는다면 결국 한 개인의 사고에 한정되고 만다. 독서가 인간의 삶을 풍성하게 만드는 것이라면, 독서 감상은 학생 간에 반드시 공유되어야 한다. 자신이 미처 생각하지 못한 부분을 다른 사람의 생각을 통해 발견할 수 있어, 작품을 다양한 관점에서 더욱 깊게 감상할 수 있기 때문이다. 따라서 교과와 연계하여, 다른 사람들과 의견을 나누며 다양한 관점에서 책을 읽을 수 있도록 협동학습 구조를 적용한 독서교육이 필요하다.

협동학습 모형은 크게 과제중심 협동학습, 보상중심 협동학습, 교과중심 협동학습, 구조중심 협동학습으로 구분할 수 있다. 그중 구조중심 협동학습은 Kagan(1994)이 자신의 협동학습 이론을 지칭한 개념이다.

기존 Jigsaw와 같은 협동학습 수업 모형은 대부분 한 차시 이상의 시간이 걸리고, 협동학습에 익숙하지 않은 교사와 학생들에게는 협동학습을 실천하는 것이 불가능하다는 활용상의 문제점을 보여 주었다. 이러한 문제점을 극복하기 위한 대안으로 등장한 협동학습 모형의 하나인 Kagan의 구조중심 협동학습은 단 5분이라도 협동학습 구조를 만들 수 있도록 개발된, 쉽고 간단한 모형이라고 할 수 있다.

Kagan은 협동학습을 하나의 구조를 적용하는 수업이라고 보는 생각에서, 수업 자체가 바로 여러 개의 구조로 조직되어 있다는 사실을 발견하였다. 이러한 발견은 자연스럽게 다양한 하위 구조의 조합으로 이루어진 복합 구조 협동학습 모형의 개발로 이어졌다. 또한 이후 연구를 통해 다양한 하위 구조의 조합으로 이루어진 복합 구조 협동학습이 단일 구조 수업보다 학습목표 달성에 효과적이라고 밝히고 있다.

Kagan의 구조중심 협동학습은 학습 목적별로 이미 생성되어 있는 구조를 적용하여 수업 중 일부 혹은 짧은 시간에도 간편하게 활용할 수 있다. 또한 학생이 명확한 역할을 갖고 간단하게 수업 결과물을 도출하는 성취감을 느낄 수 있어 초등학생이 쉽게 참여할 수 있는 교수·학습 방법이다. 교실 내에서 학생 간 상호작용을 조직화하는 방식이며, 교육과정의 모든 내용 혹은 차시와 무관하게 어떤 학년에서든 여러 차례 반복적으로 사용할 수 있다.

이미 많은 연구를 통해 효과가 검증된 Kagan의 구조중심 협동학습은 대화를 통해 진행되는 협동학습 방법으로, 개인이 공동체 내에서 협동하는 실천적 방향을 제시하고 있다. 이미 고안된 구조와 교사가 개작한 구조를 사용해 다양한 주제의 수업 활동을 이끌어 나가는 방식이기 때문에 일상에서 마주할 수 있는 협동 상황을 재현하는 데 매우 효과적이다. 협동학습을 수업에 활용하는 교사 대상 설문조사 결과에 의하면, 다른 협동학습 모형보다 교육 현장에서 더 많이 사용하고 있는 것으로 나타나 유용한 교수·학습 방법 중 하나로 평가받고 있다.

구조를 이해하기 위해서는 구조(structure)와 내용(content), 활동(activity)을 구분할 수 있어야 하는데, 구조(어떻게 가르칠 것인가)와 내용(무엇을 가르칠 것인가)의 조합에 의해 학습활동이 이루어진다. 교사가 내용을 구조에 담게 되면 하나의 학습활동이 완성되는 것이다. 구조중심 협동학습의 장점을 다음과 같이 정리할 수 있다.

[구조중심 협동학습의 현장 적용 장점]

장점	내용
다른 협동학습 유형보다 현장 적용이 용이함.	기존의 다른 협동학습 유형(Co-op, STAD, Jigsaw)은 과정과 절차가 복잡하여 협동학습에 대한 이론과 복잡한 부분을 연구해야 한다.
이미 개발된 구조의 적용이 용이함.	구조중심 협동학습은 기존에 개발된 구조를 하나하나 익히기가 쉽다.
수업 중 짧은 시간에 활용이 가능함.	1개 구조는 단 5~10분 정도만으로 효과를 볼 수 있다.
블록과 같은 구조의 적용이 편리함.	전체 수업 시간이 아닌 수많은 개발된 구조 중 현장에서 필요한 시점에만 적용이 가능하다.
다양한 구조중심 수업 가능.	이미 개발된 수많은 구조를 가지고 교사마다 아주 다양한 조합의 구조중심 수업을 할 수 있다.

교수·학습적인 측면에서는 다음과 같은 효과가 나타났다.

첫째, 교사들에게는 협동학습의 구조로 다양한 독서 수업 전략을 제공해 주어서 독서 수업에 대한 부담감을 줄일 수 있다.

둘째, 학생들에게는 협동학습에서의 활발한 활동으로 학습 동기를 높여 주고, 학생 간 상호작용으로 원만한 대인관계를 맺으며, 여러 동료를 경험함으로써 사고와 경험의 폭을 넓혀 주어 건전한 인격을 형성할 수 있다.

셋째, 똑같은 공부를 하면서도 협동학습에서는 주어진 독서 과제를 모둠 구성원과 나눌 수 있기 때문에 혼자 공부하는 것보다 더욱 재미있게 학습할 수 있다.

넷째, 협동학습에서는 소집단 속에서 개인이 차지하는 비중이 크기 때문에 마음껏 독창적 사고를 하고, 이를 표현하며 창의력을 발휘할 수 있다.

다섯째, 협동학습은 주어진 추상적 과제를 해결하기 위해 구체적으로 정보를 수집·분석하여 결론을 내리는 형식으로 진행되는데, 이 과정에서 학생들은 자연스럽게 구체적 사고에서 추상적 사고로의 이행을 경험하고, 이를 통해 인지 발달의 과정을 자연스럽게 진행시킨다. 동료들이 모두 정보원이기 때문에 다양한 정보와 사고를 접할 수도 있다.

여섯째, 교사나 어른들로부터 독립적으로 사고하고 창의력을 키우며, 여러 가지 행동을 통한 피드백을 경험할 수 있다.

각각의 구조는 학문적·언어적·인지적·사회적 영역에 걸쳐 예상되는 효과를 추측할 수 있도록 고안되어 있기 때문에, 구조중심 협동학습을 독서교육에 적용할 경우 짧은 시간에 깊이 있는 나눔을 갖고, 이를 통해 고차원적인 사고력을 형성할 수 있을 것이다.

전천후 독서 수업 메모지

독서 수업 적용

독서 준비	독서	독서 후
■		■

독서 수업에서 요구하는 역량

비판적 창의적 사고	자료 정보 활용	의사소통	공동체 대인관계	문화 향유	자기성찰 계발
■	■				

독서를 통해 수업에 참여하는 구성원의 의견을 듣고 나누는 의사소통 시간은 필수 요소라 할 수 있다. 학생들은 과정 피드백을 통해 자신의 학업 과정을 돌아보고, 더 나은 성취를 할 수 있는 높은 수준의 영감을 얻게 되며, 더 큰 자기만족감과 더 높은 수준의 성과를 달성하게 된다. 잠시 동안 학생과 마주 앉아 건설적인 비판을 해 주는 시간을 가짐으로써 교

사는 학생의 학습에 긍정적인 영향을 미칠 수 있다. Marzano, Pickering, Pollock(2004)은 피드백 제공을 효과적인 수업 전략 중 하나로 인용하였는데, 효과적인 피드백은 다음과 같다.

- 실제 교정하도록 해야 한다. 피드백은 학생에게 잘하는 것은 무엇이고, 잘 못하는 것은 무엇인지를 설명해 주어야 한다.
- 시의적절해야 한다. 가장 효과적인 피드백은 즉각적인 피드백이다.
- 구체적이어야 한다. 피드백은 기준을 제시하는 것이 아니라, 어느 특정 역량이나 지식의 수준을 구체적으로 제시해야 한다.
- 학생에게 자신의 피드백을 제공할 기회를 주어야 한다. 학생들은 교사의 피드백에 기초하여 자신을 스스로 평가하여 자신의 진도를 효과적으로 모니터링할 수 있어야 한다.

어떻게 진행하나요?

전천후 독서 수업 메모지는 소통을 통해 질문하고, 본인의 의견을 표현하고, 짧은 시간 동안에 많은 친구들의 의견을 들을 수 있는 간단한 방법이다. 또한 수업 이후에도 지속적인 피드백이 이어지게 할 수 있는 팁이 숨겨져 있다.

☑ 준비물 : 전천후 독서 수업 메모지판 또는 칠판에 격자 그림 그리기, 포스트잇

1. 교실 칠판이나 교실 벽에 전천후 독서 수업 메모지판을 설치한다.

2. 교사가 독서 수업에서 나누고 싶은 주제를 학생들에게 이야기한다.

3. 학생들은 교사의 이야기를 듣고 포스트잇에 해당 주제에 대한 자신의
   생각을 정리하거나 질문을 만든다.

4. 전천후 독서 수업 메모지판에 자신의 포스트잇을 붙인다.

5. 다른 친구들의 의견과 질문을 확인한다.

6. 피드백이 필요한 항목이 있을 경우 나의 생각을 피드백한다.

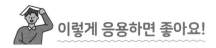

이렇게 응용하면 좋아요!

◐ 독서 준비 활동

1. 책의 삽화만 보면서 이 글의 내용을 예상해 보고, 친구들과 생각을 공유한다.

2. 책을 읽기 전, 주제에 대한 학급 학생들의 생각을 미리 앙케트 조사해서 판에 붙인다. (책의 주제가 '친구들의 외모에 대해 존중해 준다.'일 경우 외모에 대한 언급으로 불쾌했던 경험, 자신의 신체에서 가장 자신 있는 부분 등을 적어서 붙인다.)

3. 책에서 가장 많이 언급되는 단어나 주제와 관련하여 연상되는 그림이나 단어를 적어서 붙여 본다.

◐ 독서 후 활동

1. 각 장별로 또는 페이지를 나누어 학생들이 해당 부분을 요약하고, 전체적인 줄거리를 함께 만들어 볼 수 있다.

2. 이 책을 통해 말하고자 하는 중심 내용이나 주제를 기록하여 비교해 본다.

3. 책을 읽고 나서 토의 또는 토론하고 싶은 부분을 적어 본다.

4. 이 책을 쓴 저자에게 물어보고 싶은 내용을 기록해 본다.

5. 질문을 적고, 반 친구들이 답변을 하는 시간을 갖는다.

6. 가장 인상 깊었던 부분을 기록하거나 그림으로 표현해 본다.

7. 뒤에 이어질 내용에 대해 예상해 본다.

◑ 기타 진행 Tip

1. 포스트잇에 글을 써서 붙이기도 하지만, 글을 쓴 뒤에 포스트잇으로
   글을 감추면 친구들이 적은 내용을 궁금하게 할 수 있다.

2. 질문했을 때 답변할 수 있는 공간을 꼭 확보하여 여유 있게 답변을 쓸
   수 있도록 한다.

3. 교사는 학생들의 의견을 정리하는 시간을 갖도록 한다.

◑ 적용할 수 있는 추천 도서 및 활용 예

1. 모든 책에 적용할 수 있다.

2. 줄거리 정리하기

3. 독서 토론을 위한 질문 만들어 보기

4. 책 제목 바꿔 보기

5. 주인공에게 해 주고 싶은 말 생각하기

6. 뒷이야기 상상해서 적어 보기

아이들과 활동 소감을 나눠요!

- 수업 시간 이후에도 계속 생각나게 하는 게 좋다.

- 한눈에 모든 친구들의 생각을 볼 수 있어서 좋다.

- 내 글에 답변해 주는 게 좋다.

- '나만 이렇게 생각하는 게 아니구나!' 하는 것을 알 수 있었다.

- 선생님의 생각도 적으면 좋겠다.

- 질문에 답을 할 수 있도록 칸이 넓었으면 좋겠다.

누구예요?

독서 수업 적용

독서 준비	독서	독서 후
	■	■

독서 수업에서 요구하는 역량

비판적 창의적 사고	자료 정보 활용	의사소통	공동체 대인관계	문화 향유	자기성찰 계발
■		■			

'누구예요?' 독서 활동은 똑같은 단어를 찾아보게 하는 저학년부터 책의 내용을 해석하게 하는 고학년까지 전 학년에 걸쳐 읽은 책의 내용을 되돌아볼 수 있게 하는 데 도움을 줄 수 있다. 문자 인식, 책에 나오는 어려운 단어 습득, 간단한 내용 파악 등 다양한 질문과 답을 통해 게임 형식으로 독서 활동을 할 수 있는 재미있는 방법 중 하나이다.

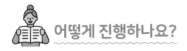 **어떻게 진행하나요?**

☑ 준비물 : '누구예요?' 활동지, 가위, 풀

☑ 수업 대형 : 평소 수업하는 자리에서 바로 할 수 있지만, 교실 대형을 원형으로 만들어서 실천하면 더 집중력이 높아질 수 있다.

[활동지1]   [활동지2]

1. 독서 중간 또는 독서 후에 교사가 정해 주는 범위에 해당하는 지문을 읽고 [활동지1]에 문제를 만들고 답을 적는다.

2. [활동지1]의 문제 부분과 정답 부분을 가위로 자른다.

3. 지그재그로 순서대로 [활동지2]에 붙인다.

4. 문제와 답을 붙인 활동지를 하나씩 받는다.

5. 첫 학생이 일어나 "자, 그럼 시작합니다." 하고 질문을 읽은 후 정답자를 찾는다.

6. 정답자가 일어나서 "제가 가지고 있습니다."라고 말한다. 정답을 이야기한 뒤에 적혀 있는 질문을 말한다.

7. 5번과 6번을 반복한다.

8. 마지막 카드를 가지고 있는 학생까지 진행한다.

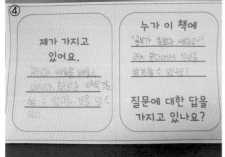

 이렇게 응용하면 좋아요!

◑ **독서 활동**

1. 책의 한 단락을 읽은 후 핵심 내용을 미리 뽑아서 짧게 진행하면 좋다.

2. 한 반 전체가 '누구예요?' 활동을 진행하면 시간이 많이 걸릴 수 있어서 모둠별로 짧게 진행하면 좋다.

3. 어려운 단어의 뜻을 국어사전에서 미리 찾아서 적어 놓고 단어 뜻을 알게 하는 활동을 할 수 있다.

◑ **독서 후 활동**

1. 초등학교 저학년의 경우에는 책에 나오는 주인공의 이름, 핵심 주제,

주요 용어 등을 확인하는 시간으로 활용하면 좋다.

2. 초등학교 4학년 이상 중·고학년에서는 단순한 단답형 질문부터 시작해서 이야기를 읽고 난 후 자신의 주장을 넣을 수 있는 질문까지 다양한 질문을 만들어 활용할 수 있다.

◑ 기타 진행 Tip

1. 학생들이 문제를 만들 때는 서로 중복되지 않도록 한다. 따라서 별도로 범위를 정해 주는 것이 좋다.

2. 정답이 같게 나오지 않도록 미리 조절해야 한다.

3. 학생들이 문제를 만들고 나면 한 장이 남기 때문에 교사도 참여한다.

4. 문제를 붙일 때는 랜덤으로 하다가 일부 수업에 참여하지 못하는 학생이 생기기 때문에 아래와 같이 지그재그 순서대로 붙이는 게 좋다.

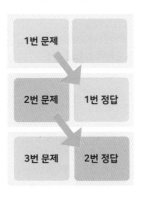

5. 나중에 활동에 익숙해지면 시간을 정해 놓고 시간 안에 할 수 있도록 시도해 보는 것도 좋은 방법이다.

6. 모둠원(4명)끼리 여러 카드를 동시에 펼쳐 놓고 할 수도 있다.

7. 이 활동을 통해 이야기의 줄거리를 이해할 수도 있다.

8. 책의 삽화를 순서대로 나열해 보는 방법도 사용할 수 있다.

◐ **적용할 수 있는 추천 도서 및 활용 예**

1. 모든 책에 적용할 수 있다.

2. 저학년 예 : 프레드릭(레오 리오니 글, 시공주니어)

시작		풀밭		보금자리		프레드릭
풀밭		보금자리		프레드릭		끝

3. 고학년 예 : 톤즈의 약속(이병승 글, 실천문학사)

시작	이태석 신부	아프리카 수단	아이들은 전기를 한 번도 써보지 않았기 때문
이 책의 주인공은 누구입니까?	이태석 신부님은 어느 나라에 갔나요?	왜 신부님은 전기를 마법 같은 것이라고 했을까요?	끝

아이들과 활동 소감을 나눠요!

- 게임하는 느낌이어서 좋다.

- 누군가 질문을 읽을 때 집중하게 된다.

- 계속하면서 질문의 깊이가 더 깊어졌다.

- 질문에 대한 답변이 똑같은 것을 갖고 있는 친구가 있으면 헷갈린다.

- 책 속의 삽화를 가지고도 하고 싶다.

- '누구예요?' 활동을 한 뒤에 활동지를 교실 뒤에 붙여 놓고 어떤 내용들이 있었는지 보고 싶다. 뒤에 붙여 놓을 것을 생각하면 글씨가 좀 크면 좋을 것 같다.

Read-n-Review

독서 수업 적용

독서 준비	독서	독서 후
	■	

독서 수업에서 요구하는 역량

비판적 창의적 사고	자료 정보 활용	의사소통	공동체 대인관계	문화 향유	자기성찰 계발
■		■			

창의적인 독자는 책 속에 있는 정보를 단순히 수용하는 데 그치지 않고, 수용한 정보를 바탕으로 새로운 지식과 정보를 창출해 낼 수 있어야 한다. 이처럼 독서를 통해서 새로운 지식과 정보를 산출하는 창의적 사고력을 기르기 위해서는 독서 과정을 통해서 내용을 정확하게 파악할 수 있도록 해야 한다.

내용을 정확히 파악하기 위해서는 내용의 조직 방식 식별, 전체 제목 혹은 부분별 제목 달기, 요약하기, 내용 재구성하기 등의 활동이 필요하다. 대부분 내용 파악은 독서 후 활동으로 하고 있지만, 독서 중간중간에 내용을 파악하는 것이 좀 더 효율적이다. 또한 시각적인 것에 집중하는 대신 가끔은 청각적인 것에 더 집중할 수 있도록 해 보자.

 어떻게 진행하나요?

☑ 수업 대형 : 평소 수업하는 자리에서 바로 실천할 수 있다. 두 명씩 짝을 만들어서 앉는다. 바닥에 앉아서 할 수도 있다.

1. 학생들은 각자 해당하는 부분의 책을 읽으면서 단락을 나누고, 나눠지는 부분에 스티커를 붙인다.
2. 해당 범위에 대한 내용 파악 문제를 하나씩 만든다.

 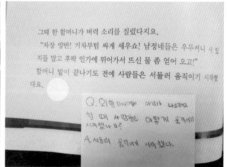

3. 두 명씩 짝을 지어 왼쪽에 앉은 학생이 먼저 첫 번째 부분에 대한 내용을 읽어 주고, 오른쪽 학생은 듣는다.

초등 독서 수업

4. 읽어 준 학생이 단락에 대한 내용 파악 문제를 오른쪽 학생에게 읽어
   준다.

5. 문제를 들은 학생은 정답을 말하거나 자신의 생각을 이야기한다.
6. 문제를 낸 친구가 대답한 친구에게 칭찬을 하거나 보충을 해 준다.
7. 5번과 6번을 반복한다.

 이렇게 응용하면 좋아요!

◑ 독서 활동

1. 스티커를 붙일 때 단락으로 나눠서 붙이면 좋다.
2. 글을 또박또박 읽어 주지 않으면 듣는 학생이 불편할 수 있다. 책임감
   을 가지고 또박또박 크게 읽는 연습을 한다.
3. 책을 함께 보면서 읽어 줄 수도 있으나, 듣기만 할 때가 집중력이 더
   높다.
4. 단답형 문제도 좋지만 생각해야 하는 문제를 낼 수 있도록 유도한다.

◑ 기타 진행 Tip

1. 평소에 생각하지 못했던 창의적인 질문이 나올 때는 전체 학생과 공
   유할 수 있도록 한다.

2. 소설이나 동화는 실감 나게 읽는 연습을 한다.

3. 처음에는 듣기만 하다가 중간에 삽화와 글을 볼 수 있는 기회를 준다.
   이해하는 수준이 더 깊어진다.

4. 단락을 짧게도 하고, 길게도 해 본다.

5. 다른 모둠 학생들이 너무 가까이 있으면 대화를 나누기가 어렵다.

6. 한 문장씩 읽어 주고 내용에 대해 다시 기술하도록 하면 도움이 된다.

아이들과 활동 소감을 나눠요!

- 퀴즈를 중간중간 내 주기 때문에 이해가 더 잘되었다.

- 퀴즈를 맞히기 위해서 더 집중해서 들었다.

- 대화를 하면서 함께 책을 읽는 느낌이다.

- 읽어 주는 친구가 또박또박 읽어 줘야 한다.

- 혼자 읽는 것보다 무언가 소통하는 느낌이 들었다.

- 문제 샘플이 많이 있으면 좋을 것 같다.

- 설명문이나 정보가 많은 책은 한 문장씩 읽는 연습을 한 것이 더 도움
  이 되는 것 같다.

생각 적기

독서 수업 적용

독서 준비	독서	독서 후
		■

독서 수업에서 요구하는 역량

비판적 창의적 사고	자료 정보 활용	의사소통	공동체 대인관계	문화 향유	자기성찰 계발
■	■	■			

독서를 통해 습득한 지식과 정보를 다양하게 분류하고, 보다 체계적으로 자기화하여 자기주도적 학습력을 길러 타 교과 학습활동을 촉진하기 위한 독후 활동이다. 독후 활동 중 무엇보다 자신의 생각을 정리하고, 다른 학생들의 의견과 비교해 보고, 그 내용을 나름의 기준과 원칙에 맞춰 분류하면서 조직화하는 시간이 필요하다. 이러한 활동으로 다양한 사고를

촉진시켜 창의력 향상에도 영향을 줄 수 있다.

[블룸의 인지적 영역 분류]

블룸(Benjamin S. Bloom)의 분류학에 따르면 고차원적 사고를 위해 기억-이해-응용-분석-평가의 단계를 거치는데, 독서를 통해 고차원적 사고를 확장시키기 위해서는 독후 활동에서 단순 이해가 아닌 분석하고 종합하는 능력을 길러 주는 것이 필요하다.

 **어떻게 진행하나요?**

☑ 수업 대형 : 평소 수업하는 자리에서 바로 실천할 수 있다. 두 명씩 짝을 이뤄 앉아서 하거나, 네 명이 한 모둠이 되어 할 수 있다.

1. 교사는 독후 활동으로 학생들과 함께 나누고 싶은 주제를 제시한다.
   (예: 각 인물의 성격은 어떠한가?, 그 인물은 어떻게 행동해야 했을까?)
2. 학생들은 주제에 대해 각자 생각하는 시간을 갖는다.
3. 본인이 생각한 것을 포스트잇에 하나씩 기록한다. 생각을 적는 포스트

잇은 3~5장 정도가 적당하다.

4. 기록한 포스트잇을 책상 위에 가지런히 배열한다.

5. 기록한 것을 돌아가며 이야기한다. 이때 서로 질문할 수 있다.

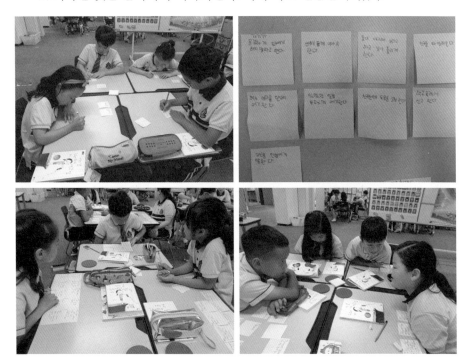

6. 나눔 활동이 끝나면 이야기한 부분을 기준에 맞게 분류하거나 우선순
   위 정하기를 할 수 있다. 또한 가장 좋은 의견을 고르는 스티커 붙여
   주기 활동을 할 수 있다.

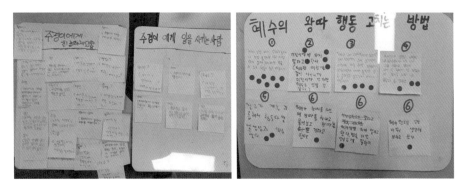

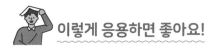 **이렇게 응용하면 좋아요!**

◐ **독서 활동**

1. 나눔 순서는 원하는 친구가 먼저 할 수 있도록 나눔 칩을 하나씩 주고 그것을 내놓으면서 할 수 있다.

2. 분류 기준을 정할 때 저학년은 교사가 기준을 정하고, 학생들이 기준에 맞게 분류할 수 있도록 도와주면 좋다.

3. 책 속의 등장인물에 대해 고민하고, 이 책을 통해 얻고자 하는 주제를 질문으로 제시하면 좋다.

◐ **기타 진행 Tip**

1. 학생들의 의견 중 제일 좋은 것을 고르기 위해 스티커 붙이기를 할 수 있다. 학생들에게 각 5개의 스티커를 주고, 자신의 것을 제외한 다른 친구의 의견에 붙이게 한다.

2. 모둠원이 나름의 분류 기준을 정해 나온 의견들을 조직화하고 분류할 수 있는 활동을 해도 좋다.

3. 나온 의견을 가지고 우선순위를 정해 보는 활동도 의미가 있다.

4. 교사가 제시하는 질문의 예는 다음과 같다.

	질문 영역	질문 예시
1 단 계	• 사실 묻기 • 발견 • 내용 파악에 관련된 질문	• 지금 읽은 것에서 Gerbils에 대해 말할 수 있는 것은 <u>무엇</u>이 있습니까? • 이 문단에서 어떤 사실들을 <u>발견</u>할 수 있습니까? • 혹시 위에 있는 것들 중 이미 배웠거나 같이 공부한 내용이 있을까요? • 글 속의 주인공은 <u>누구</u>인가요? • W로 시작되는 질문 (WHY, HOW 제외)
2 단 계	• 연결해 보기 • 관계 • 비교 • 추측 • 비슷한 것 찾기	• '돌보기 쉽다는 것'과 '음식을 잘 먹는다는 것'은 어떤 <u>연관</u>이 있습니까? • 돌보기 쉽다고 했는데 왜 그렇죠? (추측하는 질문) • 아빠와 아들은 어떤 점이 <u>비슷</u>합니까? • 만보와 말숙이의 성격을 <u>비교</u>해 보세요. • 인물 중 소년과 소녀는 어떤 <u>관계</u>가 있나요?
3 단 계	• 분류 • 요약 • 합하기	• 겁이 많은 주인공과 겁이 없는 주인공을 <u>분류</u>해 보세요. • 위의 글을 2줄로 <u>요약</u>해 보세요. • 간단하게 줄거리를 말해 보세요. • 책의 내용을 발달-전개-절정-결말로 나눈다면 어떻게 나눌 수 있습니까?

4
단
계
	• 풀어서 말해 보기
	  (해석)
	• 자기 말로
	• 쉬운 말로
	• 책에서 찾아서
	  표현을 물어보기
	• 페이지를 적고 지
	  문을 찾아서 질문
	  만들기
	• 숨은 뜻 찾기 질문
		• 질문에서 묻는 것이 무엇인지 <u>쉬운 말</u>로 표현해 봅시다.
		• 이 질문 자체가 무엇을 의미하는지 좀 더 자세히 이야기해 주었으면 좋겠
		  습니다.
		• 이 글에서 <u>무엇</u>을 물어보려 하고 있습니까?
		• <u>위의 밑줄 친 문장</u>을 해석해 보세요.
		• 간이 콩알만 하다는 말을 쉬운 말로 바꿔 보세요.

5
단
계
	• 이유
	• 정답이 없는 질문
	  까지 생각해 보기
	• 왜 그렇게 말했을
	  지 생각해 보기
	• 설명
		• 그렇게 답한 <u>이유</u>는 무엇입니까?
		• 만보가 겁이 많다고 하는 증거를 이 책에서 찾아보세요.
		• '<u>왜</u>'로 시작하는 질문
		• ○○에 대해서 <u>설명</u>해 보세요.
		• ○○한 <u>이유</u>에 대해서 <u>설명</u>해 보세요.

6
단
계
	• 글의 주제를 실천
	  하고 적용
	• 예상
	• '만약에'로 시작되
	  는 질문
		• 우리가 글을 통해 내 삶에 적용해 볼 수 있는 것은 무엇입니까?
		• 만약 <u>A와 B를 바꾼다면</u> 어떤 일이 일어날까요?
		• 만보가 아들을 낳으면 어떤 자녀가 태어날까요?
		• 이 문제를 해결하기 위한 <u>또 다른 해결책</u>은 무엇일까요?
		• '~라면'이 나오는 질문

7 단 계	• 정리 • 전체적 흐름 • 결론	• 여기서 <u>무엇</u>을 배웠나요? • 전체 내용의 가장 <u>핵심</u>은 무엇이라고 생각합니까? • 글 전체에서의 문제점이 어떻게 풀리고 있습니까? • 작가가 이 책을 통해 하고 싶은 이야기는? • 작가는 이 책을 왜 만들게 되었을까요?

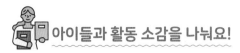 **아이들과 활동 소감을 나눠요!**

- 내 생각을 확실하게 정리할 수 있었다.
- 등장인물에 대한 다른 친구들의 깊은 이야기를 들을 수 있는 것이 좋다.
- 분류하고 나서 결과를 볼 때 뿌듯함을 느낀다.
- 이 활동을 통해 더 깊이 책을 읽는 것 같다.
- 스티커를 못 받는 친구가 없도록 하면 좋겠다.
- 우리 반 아이들과 어울리는 등장인물을 정하는 활동을 하면 좋을 것 같다.

ThinkTrix

독서 수업 적용

독서 준비	독서	독서 후
		■

독서 수업에서 요구하는 역량

비판적 창의적 사고	자료 정보 활용	의사소통	공동체 대인관계	문화 향유	자기성찰 계발
■	■	■			

프랭크 라이먼(Frank Lyman)이 먼저 시도해서 성공적인 교실 혁명을 일으킨 ThinkTrix는 학생들의 생각을 향상시키는 강력한 사고 질문을 만드는 간단한 전략이다. '생각 매트릭스'를 사용하여 기억, 원인과 결과, 비슷한 점, 다른 점, 아이디어를 위한 예, 예를 위한 아이디어, 평가 등의 7가지에 해당하는 사고력을 향상시키기 위한 전략적 질문 구조를 연습시키는

틀이라고 할 수 있다. ThinkTrix를 사용하여 모둠원과 학급 친구들에게 읽은 책의 내용에 대해 묻기 위한 고차원적인 사고 질문을 만들어 낼 수 있다. 또한 7가지 질문 과정을 통해 자연스럽게 메타인지를 기르는 훈련을 할 수도 있다. 무엇보다 ThinkTrix를 사용하면 학생들이 주제에 대해 더 깊이 있고, 비판적이며, 창의적으로 생각하는 것을 확인할 수 있을 것이다.

[ThinkTrix 7가지 질문 요약]

	질문 유형	유형에 대한 이해
1	기억	초등학교 국어 교과서에 나오는 내용 파악 문제와 같은 질문이다. 독서 후 내용을 잘 기억하고 있는지를 묻는 질문을 만든다.
2	원인과 결과	원인과 결과는 책의 내용 그대로 기술할 수도 있지만, 책에 나오지 않은 원인과 결과를 예상해 보고 유추하면서 사고력을 향상시킬 수 있다.
3	비슷한 점	인물, 성격을 비교해 보면서 관계성을 알아볼 수 있는 질문이다.
4	다른 점	
5	아이디어를 위한 예	책에서 언급하고 있는 한 주제나 인물에 대한 예를 생각해 보는 질문을 만든다. (예: 이 책에서 말하고 있는 우정의 예는?, 이 책에서 ○○이가 주로 사용하고 있는 놀이 방법은 어떤 것들이 있는가?)
6	예를 위한 아이디어	책에서 언급하고 있는 많은 예를 통해 핵심 주제나 중요하게 말하려고 하는 것을 찾아내는 질문을 만든다. (예: 이 책의 작가가 가장 중요하게 생각하는 주제는?)
7	평가	전체적인 책의 흐름을 살펴보면서 독자의 이야기에 대한 자신의 생각을 정리해 보는 질문을 할 수 있다.

 어떻게 진행하나요?

✔ 준비물 : '생각틀 질문' 활동지, 필기도구

✔ 수업 대형 : 평소 수업하는 자리에서 바로 실천할 수 있다. 교실에서 질문을 만

들고, 짝끼리 질문을 나누기보다 학급 전체가 함께하면 다양한 질문을 자연스럽게 접할 수 있어서 좋다.

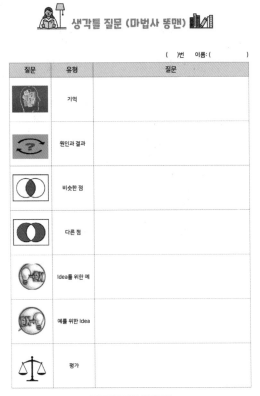

[생각틀 질문 활동지]

1. 책을 읽고 난 뒤에 전체적인 내용을 생각하면서 ThinkTrix의 7가지 질문을 완성해 본다.

2. 학급 구성원을 두 명이 짝이 될 수 있도록 배치한다.

3. 짝과 함께 각자의 질문을 묻고 답하는 시간을 갖는다.

4. 정해진 시간이 지나면 짝을 바꾸어 2~3번을 반복한다.

 이렇게 응용하면 좋아요!

◑ 독서 후 활동

1. 각 단계별로 문제를 하나씩 만들게 한 뒤에 다른 친구들이 만든 문제를 살펴볼 수 있는 시간을 가지면 짧은 시간 내에 학생들이 브레인스토밍을 하고 다양한 경우를 살펴볼 수 있어서 좋다.

2. 친구들과 질문을 하는 과정에서 7가지 유형을 한꺼번에 하기보다는 한 가지 유형에 대한 질문을 서로 충분히 나눈 뒤에 다음 단계의 질문을 나누는 것이 좋다.

3. 친구들이 만든 질문 중 베스트 질문에 스티커를 붙이는 활동을 하면

자연스럽게 고차원적 질문과 가까워지는 시간을 갖게 된다.

◑ 기타 진행 Tip

1. 교사가 미리 각 유형별 질문 예시를 제시해 주면 학생들의 이해가 더 빠르다.
2. 비슷한 점과 다른 점, 평가 질문은 다른 책과 연결하여 질문을 만들어도 좋다.
3. 동성끼리 한 번, 이성끼리 한 번 교대로 짝을 만나게 하면 좋다.

 아이들과 활동 소감을 나눠요!

- 깊이 있게 생각해야 하기에 머리를 많이 써야 하는 것 같다.
- 다른 친구의 좋은 질문을 자연스럽게 배우게 된다.
- 내 질문에 피드백하는 친구들 반응이 너무 재미있다.
- 동성 친구끼리 하는 것보다 이성 친구랑 하는 게 좀 더 깊이 있고 다양한 대화를 나눌 수 있었다.
- 친구들의 질문을 한눈에 확인할 수 있는 게시판이 있으면 좋겠다.

패들렛을 활용한
독서 브레인스토밍 분류

독서 수업 적용

독서 준비	독서	독서 후
■	■	■

독서 수업에서 요구하는 역량

비판적 창의적 사고	자료 정보 활용	의사소통	공동체 대인관계	문화 향유	자기성찰 계발
■	■	■			

브레인스토밍은 1941년에 미국의 광고 회사 부사장 알렉스 오즈번 (Alex F. Osborn)이 제창하여 그의 저서 『독창력을 신장하라(Applied Imagination)』(1953)를 통해 널리 소개되었다. 창의적인 아이디어를 생산하기 위한 학습 도구이자 회의 기법으로 일정한 주제에 대하여 회의 형식을 채택하고, 구성원의 자유발언을 통한 아이디어의 제시를 요구하

여 발상을 찾아내려는 방법이다. 아이디어의 수가 많을수록 질적으로 우수한 아이디어가 나올 가능성이 많기 때문에 엉뚱한 생각이더라도 그 판단을 보류하고, 또 다수의 의견을 끌어내야 좋은 효과를 볼 수 있다. 독서 전 활동에서는 작가와 주인공에 대한 생각을 나눠 보고, 독서 후 활동에서는 앞으로 발생할 이야기를 상상하거나 인물의 성향을 분류해 보는 등 다양한 브레인스토밍 활동이 채워질 수 있다.

여기서는 '패들렛(Padlet)'이라는 도구를 이용하여 온라인상에서 다른 친구들의 생각들을 파악해 가며 자신의 생각을 표현하는 활동에 대해 담았다. 패들렛은 하나의 작업 공간에 많은 사람들이 동시에 들어와서 접착식 메모지를 붙여 놓는 작업이 가능한 웹 애플리케이션이다. 자유로운 의사소통의 장을 독서교육 준비부터 독서 후 활동까지 활용할 수 있는데, 패들렛 담벼락 생성을 통해 누구나 자유롭게 익명 또는 실명으로 의견을 남기고 댓글을 달아 활발한 의사소통이 가능하다. 무엇보다 온라인 독서교육을 할 때 사진, 파일, URL 주소 공유 등 다양한 형식의 파일을 공유하며 의견 나눔이 가능하기 때문에 입체적인 느낌의 독서교육을 시행할 수 있다. 이 활동의 핵심은 혼자만의 생각을 나열하는 데 그치는 것이 아니라, 다른 친구들의 기록을 보며 연상되는 것들을 동시에 생각케 하는 데 목적이 있다.

 **어떻게 진행하나요?**

1. 모둠원에게 이미 분류된 아이템이 제시된다. 패들렛의 선반 기능을 활

용하면 된다.

2. 교사는 주제를 정해 준다. (예: 이 책에 나왔던 음식 말고 소재로 나왔으면 하는 음식을 이야기해 보자!)

3. 학생들은 한 번에 한 칸만 단어를 기록하고, 단어를 적었으면 다른 분류 칸에 넣을 수 있는 단어를 입력한다.

4. 단어를 기록할 때는 다른 친구들이 기록한 단어 말고 다른 것을 생각해서 기록한다.

5. 모든 모둠원이 3번과 4번을 반복한다.

6. 채워진 패들렛을 보면서 어떤 내용이 있는지 살펴본다.

7. 필요에 따라 댓글을 달 수 있다.

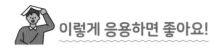 **이렇게 응용하면 좋아요!**

◑ 독서 준비

1. 독서 전 브레인스토밍은 학생들이 갖고 있는 배경지식을 최대한 끌어와서 책에 대한 상상력과 기대감을 키우는 데 목적이 있다.
2. 삽화만 보면서 이야기의 흐름을 짧게 표현해 본다.
3. 제목에서 느껴지는 마음을 표현해 본다.
4. 책 표지에 나온 캐릭터를 보면서 연상되는 캐릭터를 찾아본다.

◑ 독서 활동

1. 책을 읽으면서 생각나는 질문을 차례대로 기록한다. (선반 기능에서 우리 반 아이들의 이름을 모두 써 놓고 자신에게 해당하는 칸 밑에 누적해서 기록하기)
2. 책을 읽으면서 들었던 핵심어를 표현해 본다.
3. 패들렛 담벼락 기능을 활용하여 내용 파악 문제를 만들어 보고, 친구들이 답을 해 본다.

◑ 독서 후 활동

1. 책을 읽고 난 뒤의 소감을 그림이나 사진 한 장으로 표현하면 어떤 것을 고를지 친구들에게 보여 주는 활동하기
2. 이후 이야기에 대한 나의 상상을 표현하기
3. 이야기를 수정한다면 어떻게 수정할 수 있을지 표현하기
4. 주인공의 성격을 분류하기
5. 만약 내가 주인공이었다면 어떻게 했을지 표현하기

6. 선반 기능을 활용해 각 주인공에게 보내고 싶은 쪽지 쓰기

◑ 기타 진행 Tip

1. 패들렛을 활용하기 어려울 경우 온라인 학습에서 Zoom의 주석 작성을 통해 학생들의 아이디어를 직접 표현할 수 있다.

2. 교사가 공유한 링크나 QR코드로 학생들은 접속할 수 있다. 단, 브라우저는 크롬을 추천한다.

3. 담벼락(패들렛)의 설정에 따라 다른 친구들의 메모지에 피드백이나 공감 등을 할 수 있으면 상호작용이 활발히 일어난다. 이때 익명을 이용해 부정적인 피드백을 하지 못하도록 미리 지도한다.

4. 친구들의 다양한 의견과 작품을 보고 성장할 수 있도록 한다.

아이들과 활동 소감을 나눠요!

• 패들렛 독서 활동을 하면 이미지를 불러올 수 있어서 더 현장감이 느껴진다.

• 다른 친구들의 답변을 보면서 질문의 깊이가 더 깊어졌고, 새로운 연상을 계속할 수 있어서 좋았다.

• 직접 이야기를 꾸며서 동영상으로 올리고 싶다.

• 패들렛에 작업한 것을 나중에 책으로 만들었으면 좋겠다.

• 부모님도 보시면 좋겠다.

3장

스스로 질문을
만드는
독서 수업

수업 시간에 학생들은 미처 이해하지 못한 것이나 더 알고 싶은 것에 대해 질문할 수 있다. 동시에 교사는 학생들이 이해한 것을 확인하거나 공부할 내용에 대한 주의와 흥미를 이끌어 내기 위해서 질문을 할 수도 있다. 질문과 응답은 교사와 학생 사이에 일어나는 가장 중요한 의사소통 방식이며, 교육이 잘 이루어지고 있는지 확인할 수 있는 가장 직접적이고 즉각적인 방식이기도 하다.

하지만 실제 수업에서 교사의 질문은 배움을 자극하는 질문이기보다는 정답을 전제로 한 문제처럼 여겨지거나 의례적인 답변을 요청하는 수사적 질문에 그치는 경우가 많다. 학생 입장에서는 교사가 질문할 기회를 주더라도 적극적으로 질문에 임하지 않을 때가 많다. 학생의 질문은 자신이 모르는 것을 드러냄으로써 새로운 배움을 기대하는 행위가 아니라, 이미 배운 것을 충분히 이해하였고, 앞으로 배울 것도 충분히 가늠하고 있음을 인정받기 위한 행위가 된다. 학생들은 수업의 흐름과 집단의 분위기를 잘 파악해서 세련된 질문을 해야 한다는 부담을 느끼고, 그럴 자신이 없다면 질문을 포기하는 게 낫다는 판단을 한다.

교사의 질문에 답하는 경우에도 학생들은 자신의 생각을 있는 그대로 답하는 것에 부담을 느낀다. 자신의 답에 대한 교사와 친구들의 평가를 먼저 의식하기 때문이다. 뿐만 아니라 교사가 이미 질문에 대한 가장 좋은 답을 가지고 있다고 생각하기 때문에 자신이 가지고 있는 불완전한 답을 노출하기보다는 교사의 답을 기다리는 편을 선택한다. 이렇게 되면 결국 교사가 질문을 던지지만 학생들은 침묵하고, 어쩔 수 없이 교사가 답하는 상황이 반복된다.

교육활동의 중심에 놓여야 할 질문이 이처럼 교사와 학생 모두를 불편하게 만드는 행위로 여겨지고 있는 데는, 학생들에게 개성적인 개별자이기보다는 균질한 집단의 일원이 되기를 요구하는 사회문화적 배경이 작용하기 때문이다. 한편으로 교육에서 질문보다는 정답을 기대하는 과열된 입시 경쟁의 사회 분위기가 반영되어 있다. 하지만 질문이 없는 수업은 진정한 의미의 가르침과 배움이 일어나는 수업이 될 수 없고, 주어진 질문에 정해진 답을 맞히는 식의 수업 담화는 형태를 바꾼 문제 풀이에 지나지 않는다.

질문을 갖는 것이 배움의 출발점인 동시에 배움을 지속하는 원동력이라는 점을 생각한다면, 특정한 답에 도달하는 교육 못지않게 질문에 도달하는 교육의 의의에 주목해야 할 것이다. 특히 독서교육은 어떤 면에서 질문이 가장 중요하게 다루어져야 하는 영역임에도 불구하고, 질문하기보다는 정답 찾기가 더 두드러지는 영역이 되어 있다. 시험에서 지문을 읽고 문제의 답을 찾는 과제가 현실적으로 학생들의 독서 경험 대부분을 차지하고 있기 때문이다. 하지만 독서교육은 궁극적으로 학습자의 지속적이고 주체적인 독서를 지향해야 하고, 이를 위해 독서를 통해 정답을 찾는 교육이 아닌, 독서를 통해 질문을 갖는 교육을 목표로 설정할 필요가 있다.

질문은 그것이 교사의 질문이건, 학생의 질문이건 상관없이 교수자나 교과서 중심의 교육이 아닌 학습자의 주체적·능동적 학습을 강조한다. 교육은 컴퓨터에서 입력한 정보를 저장 매체에 옮겨 담는 것처럼 기성의 정보를 일방적으로 전달하여 복제하는 행위가 아니다. 학습자가 교육을 통해 지혜를 획득하는 과정은 외부로부터 주어진 정보를 내부에서 재구성하여 자신이 이미 갖고 있던 사고 체계에 인지적으로, 또 인격적으로 통합하는 과정이기 때문이다. 따라서 질문은 학습자가 기존의 사고 체계를 해체하여 새로운 사고 체계를 구축하도록 이끄는 자극과 같다. 이러한 질문의 교육적 가치는 일찍이 소크라테스의 산파술(産婆術, maieutike)에서 여실히 드러났다.

소크라테스의 일화에서 알 수 있듯이 그는 가장 많이 알기 때문에 가장 지혜로운 사람이었던 것이 아니라, 자신이 모른다는 것을 알기 때문에 가장 지혜로운 사람일 수 있었다. 마찬가지로 소크라테스의 연설이 끝났을 때 좌중의 박수갈채는 소크라테스의 지혜에 대한 감탄이기도 하겠지만, 앎의 진전을 경험한 청중 자신의 기쁨을 표현한 것이기도 했다. 중요한 것은 질문을 통해 지식의 공백을 깨닫고, 스스로 그 공백을 메워 나갈 때 지혜에 한 발 더 다가갈 수 있다는 점이다.

가르치는 일은 산파의 일과 같아서 배우는 자가 자신의 마음속에 들어 있는 것을 스스로 이끌어 내도록 돕는 일이라고 보는 소크라테스의 문답법은 진정한 의미에서 학습자를 존중하는 교육이라고 평가되기도 한다. 산파술이 보여 주는 교육적 이상은 근접발달영역(Zone of Proximal Development)을 통해 학습자가 성장한다고 보는 비고츠키(Lev Semenovich Vygotsky)의 교육관에 계승되었다. 근접발달영역은 학습자가 잠재적인 발달 수준으로 성장하기 위해서 거쳐야 하는 중간 단계로, 교수자와 학습자 사이의 상호작용을 통해 작동하게 된다. 즉, 소크라테스의 질문은 아가톤에게 근접발달영역을 제공하는 행위였다고 할 수 있다. 소크라테스의 산파술과 비고츠키의 근접발달영역은 둘 다 교육이 학습자의 인식 수준으로부터 출발해야 한다는, 어찌 보면 당연한 원리를 강조하고 있다.

사실 질문은 누가 어떻게 하느냐가 중요한 것이 아니라, 그 질문이 누군가에게 배우는 자의 자세를 갖게 할 수 있느냐가 중요하다. 객관적으로 혹은 절대적으로 누구에게나 배움을 열망케 하는 질문은 있을 수 없다. 질문의 교육적 가치는 질문을 통해 학습자가 자신이 모르는 것, 즉 실제적 발달 수준의 한계를 인식하고 잠재적 발달 수준을 향해 지속적인 배움의 자세를 갖게 하는 것이다. 또한 교사나 교과서에 의해 일방적으로 주어진 질문이나, 제한된 정답이 결정되어 있는 닫힌 질문에 비해서 학습자의 문제의식으로부터 출발하는 질문이 더 큰 교육적 가치를 지닌다고 할 수 있다.

독서교육에서 질문은 독서를 목표 지향적 행위로 만들어 주고, 학습자를 능동적·주체적 독자로 자리매김하는 데 중요한 역할을 하는 것으로 인정받고 있다. 특히 학습자 스스로 생성해 내는 질문은 배경지식 활성화와 메타인지를 통한 자기 점검에 긍정적인 효과를 주기 때문에 독서 활동의 이해와 기억을 돕는다고 한다. 학습자의 질문 생성 훈련이 독해력 신장에 효과가 있음을 검증한 연구도 여러 편 나왔다.

1. 질문을 하면서 읽으면 더 집중해서 읽게 되고, 글 읽기에 흥미를 불러일으킬 수 있다. 질문을 만들고, 그 질문의 답을 찾아가는 과정에서 독서 활동에 흥미를 가질 수 있다.

2. 능동적으로 글을 읽어 나가게 된다. 질문을 생성하면서 읽으면 텍스트와의 풍부한 상호작용이 일어나며, 이 과정에서 적극적으로 글을 읽는 태도와 능력을 갖추게 된다.

3. 중요한 정보에 집중할 수 있고, 글을 깊이 있게 읽는 데 도움이 된다. 질문을 하면서 읽으면 그만큼 글에서 중요한 내용을 생각할 수 있고, 추론하며 읽기도 하고, 분석 및 비판하면서 읽게 되기 때문이다.

4. 글의 내용을 좀 더 오랫동안 기억할 가능성이 높다. 질문하며 읽는 과정에서 집중해서 글을 읽었기 때문에 내용을 좀 더 오래 기억할 수 있다. 오랫동안 기억할 수 있기 때문에 다음에 그 정보가 필요할 때 좀 더 많이 회상해 낼 수도 있다.

5. 이른바 자기주도적 독자가 될 가능성이 높아진다. 스스로 질문을 생성해 나가는 과정에서 독립적으로 문제를 해결해 나가는 능력과 태도가 길러진다. 스스로 질문을 생성해 볼수록 자기가 제대로 독서 행위를 하고 있는지 점검하고 통제하는 능력도 길러진다.

독서교육에서 질문 생성의 중요성이 널리 인정되면서 2015 개정 국어과 교육과정에도 읽기 영역 성취기준으로 학습자의 질문 생성과 관련한 항목이 포함되었다. 물론 교사가 질문을 제기하면서 학습자의 독서를 도울 수도 있지만, 학습자 스스로 질문을 제기함으로써 보다 능동적인 독서와 창의적인 읽기를 할 수 있음을 강조한 것이다.

Ⅰ. 국어과 교육의 이해

6. 국어 교과서의 체제와 특징

나. 국어 교과서의 개발 방향

(4) 학급자의 질문 생성과 해결을 강조한 교과서

- 질문은 학생들이 학습 내용을 익히고 배우는 주요한 방식이며, 학생과 학생 사이, 교사와 학생 사이에 이루어지는 중요한 의사소통 행위이다.
- 학생이 자신의 배경지식과 새로운 지식이나 기능에 대한 호기심과 흥미를 바탕으로 하여 질문을 생성할 수 있는 학습 전략을 제시한다.
- 단원 도입 면에서 단원 전체 학습 내용을 관통하는 핵심 질문을 제시한다.
- 학생이 지속해서 질문을 생성하고 해결하는 능력을 기를 수 있도록 다양한 질문 생성 및 해결 전략을 제시한다.

질문은 질문 주체에 따른 유형(교사 주도 질문, 학습자 주도 질문), 질문 대상에 따른 유형(교사의 학습자 대상 질문, 학습자의 자기 점검 질문, 학습자 상호 질문), 사고 수준에 따른 유형(사실적 질문, 추론적 질문, 비판적·감상적 질문)으로 나누어 제시했다.

다음 그림은 『국어 6-1 ㉮』 4단원의 도입 면과 기본 학습 활동이다. 먼저, 단원 도입 면에 "왜 상대의 주장과 근거를 판단해야 할까요?"라는 질문을 제시했다. 이 단원은 주장하는 내용의 글을 읽고 주장이 타당한지 판단하고, 표현이 적절한지를 살펴보는 내용으로 구성했다. 따라서 단원 도입 면에 제시된 질문은 학생이 이 단원을 공부할 때 핵심적으로 해결해야 하는 문제이다. 이렇게 매 단원의 도입 면에는 단원 전체를 관통하

국어 6-1㉑ 4단원의 도입 면과 기본 학습 활동

며 학생들의 문제의식을 자극하는 질문을 제시했다.

그림의 오른쪽에는 친구들과 묻고 답하는 활동을 제시했다. 글 내용을 확인하는 질문과 친구들 생각을 알기 위한 질문을 쓰는 활동은 학생의 사고 수준과 묻는 대상에 따라 질문 생성하기 전략을 활용한 것이다.

앞서 소크라테스의 산파술을 통해서 확인한 질문의 교육적 가치는 무엇보다도 학습자 스스로 자신이 현재 알고 있는 것과 이해한 것의 한계를 인식하고, 더 나은 앎으로 나아가려는 태도를 갖게 된다는 점이었다. 교육적 질문이란 학습자가 교과 지식을 배움으로써 이전까지 당연하다고 생각해 온 자신의 존재와 삶에 대해 의문을 제기하고, 끊임없이 자신의 존재와 삶을 돌아보고 반성하는 것을 의미한다고 재개념화된 바 있다.

독서의 과정에서 학습자가 교육적으로 의미 있는 질문을 스스로 생성하기 위해서는, 자신의 이해와 흥미의 수준에서 유발되는 질문에서 출발하여 질문에 대한 답과 질문 자체를 점진적으로 발견시켜 본질적 질문에 다가갈 수 있는 단계가 필요할 것이다.

질문 토너먼트
― 우리 반 질문 뽑기

독서 수업 적용

독서 준비	독서	독서 후
		■

독서 수업에서 요구하는 역량

비판적 창의적 사고	자료 정보 활용	의사소통	공동체 대인관계	문화 향유	자기성찰 계발
■		■	■		■

단순한 질문 학습이 아닌 질문을 만들고, 비교하며, 판단하고, 선택하는 과정을 경험하는 질문 학습이다. 짧은 시간 동안 많은 질문을 접하고 생각하는 과정에서 자연스럽게 질문 능력을 키우는 간단한 독서 수업을 소개하고자 한다.

우선 집중적으로 고민해 볼 학급 질문 한 가지를 정하여 생각을 나눈다. 개인 질문 만들기 → 모둠 질문 정하기 → 학급 질문 정하기 → 생각 나누기 과정에서 다양한 질문을 접하고, 질문을 판단하는 과정 중에 질문 능력을 키울 수 있다. 본 활동은 독서 후 활동 중 첫 번째 수업 이후에 하면 좋다. 첫 번째 활동으로 한 단락 소감 쓰고 나누기를 하면서 내용을 이해하고 생각을 정리한다면 중점적인 질문을 만드는 데 도움을 줄 수 있다.

> 학급 질문 만들기 활동은 학생 스스로 질문을 만들고 선택하며 답변하는 학생 중심 수업이며, 질문 탐구 학습으로서 질문하는 독서, 질문하는 수업을 추구합니다. 많은 교사들이 질문을 만들고 답변을 해 나가는 과정이 잘 갖춰진 틀 속에서 해야 한다는 의식을 가지고 있습니다. 수업 문화를 바꾸는 데 가장 큰 장애는 새로운 규칙 속에서 통제를 잃을지도 모른다는 우리의 두려움입니다. 그러나 질문 학습에서 질문 탐구에 적합한 분위기를 드러내는 일차적 방법은 불확실성을 솔직하고도 사려 깊게 보여 주는 것입니다. 또한 수업 참여자들이 안전하고 자신의 기여가 가치 있게 받아들여진다는 느낌을 갖게 해 주는 것입니다.
>
> —『핵심 질문』중에서

> 학교생활 속에서 끊임없이 깊이 있는 질문이 오가고 상호 소통이 이루어지려면 어디서부터 출발해야 할까? 이런 수업이 이루어지려면 먼저 교사가 일방적으로 수업을 이끌어야 한다는 생각을 내려놓아야 한다. 교사 주도적인 수업에서 학생 주도적인 수업으로 방향을 바꾸어야 한다.
>
> —『질문이 있는 교실 초등편』중에서

 ## 어떻게 진행하나요?

✔ 준비물 : 포스트잇, '쓰기 메모지' 활동지

✔ 수업 대형 : 개인 질문을 만들고 모둠 질문을 정하는 단계는 4인 1모둠 형태로

진행한다. 학급 질문을 정하여 생각 쓰고 나누는 단계는 전체를 대상으로 하여 ㄷ자 형태로 진행하는 방식과 4인 1모둠 형태로 하여 학급 질문에 대하여 모둠원끼리 먼저 생각을 나누고 모둠 대표가 모둠원의 의견을 정리하여 발표하는 방식으로 진행할 수 있다.

1. 집중적으로 고민해 볼 학급 질문 한 가지를 각자 생각하여 포스트잇에 적는다.
2. 모둠 내에서 한 명씩 돌아가며 자신의 질문을 소개한 후 학급 질문으로 가장 좋다고 생각하는 질문을 이유와 함께 말한다. 모둠에서 가장 많이 선택한 질문 한 가지를 뽑는다.

3. 한 모둠씩 돌아가며 모둠이 선택한 질문을 소개하고, 칠판에 기록한다.
4. 모둠에서 뽑은 학급 질문을 하나씩 다시 읽으며 질문 내용을 이해하게 한다.

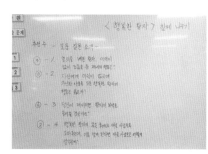

5. 가장 희망하는 학급 질문 한 가지를 뽑은 후, 쓰기 메모지에 각자의 생각을 적는다.

6. 쓰기 메모지 작성 후 모둠끼리 나누기, 전체로 나누기, 모둠 대표가 전체에게 나누기 등의 방법을 이용하여 생각을 나누고, 활동 후에는 모둠 활동지에 붙여 게시한다.

 이렇게 응용하면 좋아요!

◑ 독서 준비 활동

1. 작가와 작가가 쓴 다른 작품을 소개하거나 관련 내용을 교실 내 잘 보이는 곳에 게시한다.

2. 책의 삽화를 교실에 미리 게시하여 책에 대한 관심을 키우고, 삽화를 보며 책 내용을 상상해 본다.

3. 이전 독서 수업 활동(질문 수업 관련) 결과물을 게시하여 질문에 대한 흥미와 관심을 높인다.

4. 좋은 질문, 핵심 질문 만들기에 대해 학습한다.

◐ 독서 후 활동

1. 각 장별로, 또는 페이지를 나누어 해당 부분을 요약하고, 전체적인 줄거리를 함께 만들어 볼 수 있다.

2. 책의 중심 내용이나 주제를 기록하여 비교해 본다.

3. 책을 읽고 나서 토의 또는 토론하고 싶은 부분을 적어 본다.

4. 책의 저자에게 물어보고 싶은 내용을 기록해 본다.

5. 질문을 만든 후 학급 친구들이 질문에 대한 답을 기록하는 시간을 갖는다.

6. 책에서 가장 인상 깊었던 부분을 기록하거나 그림으로 표현해 본다.

7. 뒤에 이어질 내용에 대해 예상해 본다.

◐ 기타 진행 Tip

1. 모둠에서 채택되지 않은 질문에 대해서는 모둠끼리 즉석 인터뷰를 진행할 수 있다.

2. 학급 질문 활동 후 핵심 주제 또는 인물의 행동에 대하여 글쓰기를 할 수 있다.

3. 학급 질문에 대한 학생들의 의견을 모아 '책 만들기'를 하거나, 학급 밴드에 올릴 수 있다.

◐ 적용할 수 있는 추천 도서 및 활용 예

1. 중학년용 : 뚱뚱해도 넌 내 친구야(크리스티네 뇌스틀링거 글, 크레용하우스)

2. 중학년용 : 허생전(장주식 글, 한겨레아이들)

3. 중학년용 : 사춘기 가족(오미경 글, 한겨레아이들)

4. 고학년용 : 복제인간 윤봉구(임은하 글, 비룡소)

5. 고학년용 : 넘어진 교실(후쿠다 다카히로 글, 개암나무)

6. 고학년용 : 행복한 왕자(오스카 와일드 글, 시공주니어)

 아이들과 활동 소감을 나눠요!

- 찬반 질문(논제)을 정하여 독서 토론을 해 보면 좋을 것 같다.
- 작가가 쓴 다른 책을 읽고 '학급 질문 수업'을 해 보면 좋겠다.
- '1인 1질문과 답변'을 모아 우리 반 책 만들기(온라인으로 만드는 책 포함)를 해 보면 좋겠다.

질문 다양하게 맛보기(1)

독서 수업 적용

독서 준비	독서	독서 후
		■

독서 수업에서 요구하는 역량

비판적 창의적 사고	자료 정보 활용	의사소통	공동체 대인관계	문화 향유	자기성찰 계발
■		■			■

깊이 있는 책 읽기는 다양하고 깊이 있는 질문으로 가능하다. 다양한 질문을 만들어 주고받는 독서 수업은 학생들이 한정된 시각에서 벗어나 폭넓은 사고를 하도록 도울 수 있다. 이는 독서 내용을 되돌아보고, 생각을 비교하고 구체화하는 데 도움을 줄 수 있고, 학년에 따라 질문의 종류를 달리하여 적용할 수 있다.

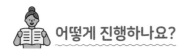 **어떻게 진행하나요?**

☑ 준비물 : '질문 주고받기' 활동지

☑ 수업 대형 : 평소 수업하는 자리에서 바로 실천할 수 있다. 수업은 전체 활동 →
개인 활동 → 짝 활동 → 전체 활동으로 진행한다.

[질문 주고받기 활동지]

1. 학생들은 질문의 종류를 예시와 함께 익힌다. 질문의 종류는 지식 확
   인, 이해 공감, 상상 질문, 성찰 적용, 가치 창조이다.
2. 학생들은 책을 읽으며 중요하거나 인상 깊은 부분에 표시를 해 놓는다.
   독서 후에 [질문 주고받기 활동지]의 질문 칸에 해당 질문을 만든다.
3. 교사는 학생들에게 나눔 짝을 정해 준다. 학생들은 짝으로 모여 앉아
   차례대로 한 질문씩 서로 주고받고 친구의 답변을 간단히 기록한다.
   질문 주고받기 후에는 활동 소감을 기록한다.

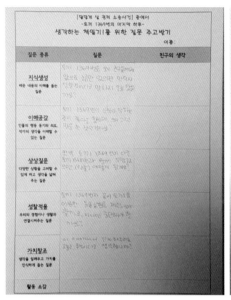
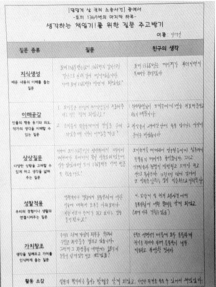

4. 학생들은 전체로 모여 활동 소감을 나누고, 인상적인 질문이나 답변을 소개한다. 수업 후 교사는 학생들의 활동지를 게시한다.

 이렇게 응용하면 좋아요!

◑ 독서 활동

1. 책의 각 장마다 중요하거나 인상적인 부분을 찾아 표시를 해 두면 다양한 질문을 만드는 데 도움이 된다.
2. 책을 읽으며 중간에 한 번씩 생각이나 느낌, 소감을 말하도록 하면 학생들이 책 내용을 이해하고 집중하는 데 도움이 된다.

◑ 독서 후 활동

1. 질문의 종류를 이해하여 스스로 질문을 만들 수 있도록 적절한 예시를 제시한다.
2. 한 단락 요약 및 소감 쓰기를 하여 책 내용을 충분히 떠올린 후에 질문을 만든다.

◑ 기타 진행 Tip

1. 학생들이 질문을 만드는 동안 교사는 학생들의 질문을 살펴보며 칭찬하고 격려하여 좋은 질문을 만들도록 동기부여해 주면 좋다.
2. 분량이 적은 책으로 우선 활동하며, 책의 분량에 따라 책의 일부를 집중하여 질문을 만들 수도 있다.
3. 활동 후 학생들의 질문을 학급 누리집에 올려 친구들의 질문을 자세히 들여다볼 수 있도록 한다.

◑ 적용할 수 있는 추천 도서 및 활용 예

1. 닭답게 살 권리 소송 사건(예영 글, 뜨인돌어린이)

질문 종류	질문	친구의 생각
지식 확인 배운 내용의 이해를 돕는 질문	• 토끼 1369번의 눈에 약을 넣는 이유는 무엇인가요? • 실험 대상으로 왜 토끼가 적합하다고 생각하나요?	• 화장품 실험을 위해서이다. • 토끼들이 눈물을 잘 흘리지 않아 약품에 대한 반응을 제대로 볼 수 있어서이다.
이해 공감 인물의 행동 동기와 의도, 작가의 생각을 이해할 수 있는 질문	• 작가가 이 이야기를 우리에게 들려준 이유는 무엇일까요? • 작가는 토끼 실험에 대해 어떻게 생각하나요?	• 동물이 사람들의 만족을 위해 희생되고 있다는 것을 알리고 싶어서인 것 같다. • 토끼의 입장에서 토끼의 고통을 알려 주는 것을 보니 동물을 보호해야 한다고 생각하는 것 같다.
상상 질문 다양한 상황을 고려할 수 있게 하고 생각을 넓혀 주는 질문	• 만약 토끼가 실험실에서 실험 당하지 않았더라면 어떻게 살았을 것 같나요? • 만약 자신이 실험실로 끌려간 토끼 중 한 마리라면 어떻게 하였을까요?	• 토끼는 자연에서 즐겁게 살고, 죽음이 반갑지 않을 것 같다. • 책에 나온 토끼와 비슷하게 무기력하게 죽음을 맞이할 것 같다.
성찰 적용 우리의 경험이나 생활과 연결시켜 주는 질문	• 동물실험으로 만들어진 물건을 본 적이 있나요? • 동물실험에 대한 사례를 알고 있나요?	• 본 적은 없지만 그 제품이 꺼려질 것 같다. • 우주 실험에 강아지를 이용한 사례를 보았고, 결국 강아지가 죽었다.
가치 창조 생각을 일깨우고 가치를 인식하게 돕는 질문	• 동물실험을 줄이기 위해 어떤 대책이 만들어져야 한다고 생각하나요? • 이 책이 당신에게 어떤 도움이 되었나요?	• 동물실험 유무를 알리는 마크를 제작한다. • 동물실험은 옳지 않고 동물 학대를 해서는 안 된다고 생각한다.

2. 기타 학생 질문

① 지식 확인 : 실험이 끝난 토끼는 어떻게 되었나요?

② 이해 공감 : 안락사를 당할 때 토끼의 마음은 어떠했을까요?

③ 상상 질문 : 토끼 실험을 반대하는 연구원이 실험실에서 나타났다면, 어떤 일이 벌어질까요?

④ 성찰 적용 : 동물실험을 막기 위해 우리가 할 수 있는 일은 무엇이 있

을까요?

⑤ 가치 창조 : 당신은 동물실험에 찬성하는 사람들을 어떻게 설득할 것

인가요?

 아이들과 활동 소감을 나눠요!

• 질문을 만들며 책 읽기의 즐거움을 느꼈다.

• 상상 질문에서 미처 생각하지 못한 답이 나와 새로웠고, 질문을 만들

어 보는 것도 나쁘지 않았다.

• 재미있었는데, 손이 아팠다.

• 친구들의 질문과 대답을 다시 자세히 볼 수 있도록 학급 누리집에 올

려 주면 좋겠다.

• 여러 짝을 만나 질문 주고받기를 하면 좋겠다.

• 친구들의 질문을 선택하여 독서 토론을 하면 좋겠다.

질문 다양하게
맛보기(2)

독서 수업 적용

독서 준비	독서	독서 후
	■	■

독서 수업에서 요구하는 역량

비판적 창의적 사고	자료 정보 활용	의사소통	공동체 대인관계	문화 향유	자기성찰 계발
■		■			■

2015 개정 국어과 교육과정에서 강조하는 활동으로 '질문하기'가 있다. 많은 학생들이 질문 만들기에 익숙하지 않아 어려움을 겪는데, 교사는 점점 학생들에게 질문 만들기를 강요한다. 질문 만들기에 동기를 부여하면서 창의적인 질문을 만들 수 있는 방법은 무엇이 있을까? 스탠퍼드대학교에서 개발한 SMILE 프로그램을 소개한다.

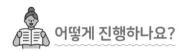 **어떻게 진행하나요?**

☑ 준비물 : 스마트 기기

☑ 수업 대형 : 평소 수업하는 자리에서 바로 실천할 수 있다. 수업은 전체 활동 →
개인 활동 → 전체 활동으로 진행한다.

1. 구글, 네이버 등에서 smile stanford라고 검색한다.

2. smile global을 클릭한다.

3. 계정 등록을 클릭한다(회원 가입하기). 처음엔 영어로 되어 있는데
   Korean으로 언어 변경이 가능하다.

4. 구글플러스 누르고 구글 이메일로 로그인한다.

5. 로그인 후 '나의 그룹'을 클릭한 후 '그룹 참여하기'를 클릭한다. 이미
   만들어 둔 그룹을 검색한다.

6. 비밀번호를 입력한다.

7. 학생들은 그룹에 들어가서 [+ Create a Question] 을 누르고 질문을 만든다.

① 질문 내용 작성 Attach를 누르고 이미지를 첨부하거나 유튜브 첨부가
   가능하다.

② Multiple Choice Options를 누르면 여러 선지의 문제를 만들 수도
   있다.

③ 작성 후에는 [Submit Question] 을 클릭한다.

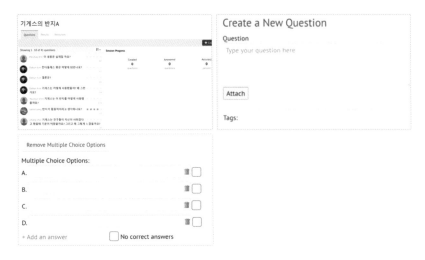

8. 학생들의 질문 전체를 모아서 볼 수 있고, 관심 있는 질문에 별점 및
   댓글이 가능하다.

9. 교사는 사전에 다음과 같이 만들어 둔다.

① My groups를 누른다.

② Create Group 을 누른다.

③ 그룹 이름을 입력한 후 암호 설정 여부를 결정한다. Create Group 을 클릭한다.

④ + Create an Activity 을 누른다.

⑤ 활동 제목을 정한다. 다양한 형태로 질문 제작이 가능하다(student paced로 자주 사용함). 세팅 후 Update Activity 을 클릭한다.

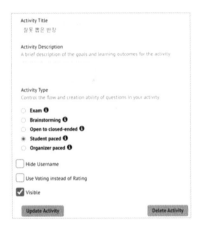

⑥ 별점을 매기는 기준(SMILE의 기준)

- 1Star - Needing a lot of improvements

- 2Stars - Needing some improvements

- 3Stars - Acceptable quality

- 4Stars - Good quality

- 5Stars - Excellent quality

10. 교사의 질문에 답이 바로 보이기에 의견 모으기 활동이 가능하다.

11. 학생들의 질문과 답도 한눈에 볼 수 있다.

 **이렇게 응용하면 좋아요!**

◑ 독서 활동

1. 책의 한 챕터를 읽고 질문을 스스로 만들어 보고, 친구들에게도 별점을 붙여 주게 한다.
2. 책을 읽으면서 질문을 만들다 보면 내용을 정리하는 활동을 쉽고 빠르게 할 수 있다.

◑ 독서 후 활동

1. 책을 읽은 후 친구들의 질문을 평가하고 답을 정리한다.
2. 질문한 내용을 바탕으로 다음 활동을 위한 팀을 구성할 수 있다. 공통적인 의견을 가진 친구들을 한 팀으로 하여 토론 팀 구성 또는 다른 의견을 가진 친구들끼리 모여 토의 활동을 할 수 있다.
3. 사전에 교사가 질문을 올리고 학생들이 답하게 함으로써 의견을 모으는 효과를 가져올 수 있다. 이후 활동이 자연스럽게 이어진다.

◑ 기타 진행 Tip

1. 질문의 주제를 정해 줘서 별점을 매기는 것도 좋다.
 • 인물의 감정과 관련된 질문을 만들어 보자.
 • 줄거리와 관련된 독서퀴즈를 만들어 보자.
 • 책에서는 발견할 수 없는 답으로 질문을 만들어 보자.
2. 한 챕터의 분량을 읽은 후 질문을 만들고 활동하는 것이 효과적이다.
3. 학생들이 질문을 만드는 것에만 초점을 두는 경우가 있어, 만들 수 있는 질문 3개, 별점 5명 이상에게 달기 등을 정하는 것이 좋다.

4. 별점이 많이 붙은 질문은 함께 나눠 보는 것도 좋다.

5. 컴퓨터 프로그램 접속이 익숙하지 않은 저학년의 경우 먼저 질문 만들기를 사전에 연습하고, 다음에 스마일 프로그램을 이용하면 조금 더 잘할 수 있다.

 아이들과 활동 소감을 나눠요!

- 질문하면서 별점이 매겨지니 신났다.
- 다른 친구들의 질문을 보면서 질문을 잘 만들어야겠다는 생각이 들었다.
- 더 높은 별점을 받기 위해 노력해야겠다.
- 책 내용을 더 잘 기억할 수 있었다.

질문 책
만들기

독서 수업 적용

독서 준비	독서	독서 후
		■

독서 수업에서 요구하는 역량

비판적 창의적 사고	자료 정보 활용	의사소통	공동체 대인관계	문화 향유	자기성찰 계발
■		■			■

본 수업은 책을 읽은 후 중요하거나 인상 깊은 부분을 중심으로 친구들의 다양한 생각을 들어 볼 수 있는 질문을 만들고, 그 답변을 모아 책을 만드는 수업이다. 이 과정에서 학생들은 읽은 책의 주제에 대하여 '함께 나누기'의 가치를 경험할 수 있다. 이는 책 내용을 해석하고 적용하는 활동을 깊이 있게 다루는 고학년에서 주로 사용할 수 있는 방법으로, 독서

내용을 되돌아보고 학급 친구들과 생각을 비교하며 구체화하는 데 도움을 줄 수 있다.

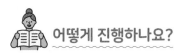 어떻게 진행하나요?

☑ 준비물 : '질문/답변' 활동지, 조각 답변지, 포스트잇
☑ 수업 대형 : 모둠 활동은 4인 1모둠 대형, 전체 활동은 원 대형으로 하면 좋다.

[질문]	[답변1]	[답변]
	[답변2]	[답변]
	[답변3]	[답변]
	[답변4]	[답변]

[질문/답변 활동지]   [조각 답변지]

1. 학생들은 책을 읽으며 중요하거나 인상 깊은 부분에 표시를 해 놓는다. 독서 후에 친구들의 생각을 들어 볼 수 있는 질문 2~3개를 만들어 포스트잇에 쓰고, 모둠원에게 소개한다. 서로 겹치지 않게 조정하여 [질문/답변 활동지] 질문 칸에 연필로 질문을 적고, 자신의 이름도 적는다.
2. 교사는 활동을 먼저 마친 모둠의 질문부터 차례대로 칠판에 적고, 학생들의 질문을 소개한다. 질문의 내용이 명확해지도록 학생과 함께 질문을 다듬기도 한다.

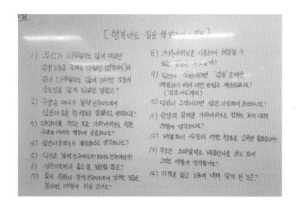

3. 교사는 각각의 질문에 학생들의 답변이 4개가 모이도록 적절히 배정하여 질문 옆에 학생 번호를 표시해 둔다(학생 번호대로 4명씩 배정할 수 있음). 답변할 학생을 새로 배정하지 않고, 모둠별로 답변을 작성할 수도 있다.

4. 학생들은 칠판에서 자신이 답변할 질문을 확인하며 조각 답변지에 성의껏 답변을 적고 자신의 이름을 쓴다. 학생들은 질문자를 모른 채 작성하므로 선입견 없이 작성할 수 있다. 이때 교사는 [질문/답변 활동지]를 별도의 책상에 순서대로 올려놓는다. 학생들은 해당 질문을 찾아 자신이 쓴 답변을 답변 칸에 붙인다.

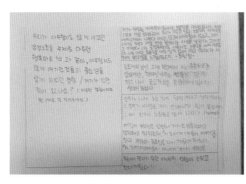

5. 답변 칸이 모두 완성되면 교사는 학생들이 자신의 질문지를 가져갈 수 있게 한다.

6. 학생들은 친구들에게 가장 인상적인 답변을 1개씩 소개한다. 활동 후에는 소감을 나눈다.

7. 수업 후 교사는 [질문/답변 활동지]를 모아 반씩 접어 차례대로 오른쪽 뒷면에 풀칠을 하여 붙인다. 여기에 책 표지를 붙이면 질문 책이 완성된다.

 이렇게 응용하면 좋아요!

◑ 독서 활동

1. 책의 각 장마다 중요하거나 인상적인 부분을 찾아 표시를 해 두면 다양한 질문을 만드는 데 도움이 된다.

2. 책을 읽는 중 한 번씩 생각이나 느낌, 소감을 말하도록 하면 학생들이 책 내용을 이해하고 집중하는 데 도움이 된다.

◑ 독서 후 활동

1. 단답형 질문이 아닌 친구들의 다양한 생각을 들어 볼 수 있는 질문을

만들도록 안내하며, 필요한 경우 예시를 줄 수 있다.

2. 비슷한 질문이 나오는 경우 질문 각도를 조금 다르게 하도록 도와주면 좋다.

◑ 기타 진행 Tip

1. 질문이 겹치는 경우 질문의 각도를 다르게 해야 한다는 것을 미리 알려 주고, 교사는 학생들의 질문이 겹치지 않도록 확인하며 조정해 준다.

2. 모든 질문이 소중하고 의미가 있으며, 친구들의 답변을 통해 질문의 의미가 깊어진다는 것을 알려 준다. 학생들을 칭찬하고 격려하며 좋은 질문을 만들도록 동기부여해 주면 더 적극적으로 활동에 임한다.

3. 책 전체를 영역별로 나누어 질문을 만드는 것도 좋다.

4. 모둠별로 활동하여 같은 방법으로 모둠 질문 책을 만들 수 있다.

◑ 적용할 수 있는 추천 도서 및 활용 예

1. 행복마트 구양순 여사는 오늘도 스마일(조경희 글, 나무생각)

① 주변에 블랙컨슈머가 존재할 때 여러분은 감정노동자를 위해 어떤 행동을 할 것입니까?

• 만약 저라면 용기가 부족해 아무것도 하지 못할 것 같습니다. 그렇지만 감정노동자들이 힘들지 않게 노력할 것 같습니다.

• 저는 블랙컨슈머에게 뭐라 할 수 있는 나이와 위치에 있지 않기 때문에 감정노동자에게 위로의 한마디나 "저런 사람은 무시해요! 파이팅!"이라고 해 줄 것 같습니다.

• 블랙컨슈머에게 가서 감정노동자들이 되어 보지도 않으셨으니 감정노동자들을 존중하자고 할 것입니다.

• 대신 신고하겠습니다.

② 책에 나온 '삼진아웃제'에 동의하십니까?

• 동의합니다. 고객 입장에서는 안 좋은 제도일 수 있지만 블랙컨슈머를 막고 직원들의 인권을 지킬 수 있을 것 같습니다.

• 네. 직원들이 마음고생을 심하게 하지 않아도 되기 때문입니다.

• 네. 그러나 심한 고객일 경우는 더 강한 처벌이 있어야 할 것 같습니다.

• 동의합니다. 직원 입장에서 잘못 없이 당하기만 하는 것은 옳지 않습니다. 삼진아웃제도 같은 것이 필요합니다.

2. 기타 학생 질문

① 구양순 여사가 블랙컨슈머에게 삼진아웃제를 한 행동에 대해 어떻게 생각하나요?

② 태양이를 기르는 것을 가위바위보로 정한 구양순 여사의 행동에 공감하나요?

③ 가위바위보를 사용하여 해결할 수 있는 문제에는 무엇이 있을까요?

④ 당신은 블랙컨슈머인가요, 화이트컨슈머인가요?

⑤ 삼진아웃제의 좋은 점, 보완할 점은 무엇이라고 생각하나요?

⑥ 당신이 직원이라면 '갑질' 문제를 해결하기 위해 어떤 방법을 제안할 것인가요? (삼진아웃제 제외)

⑦ 직원이 스마일 미소, 배꼽 인사를 하는 것에 대해 고객으로서 어떻게 생각하나요?

⑧ 감정노동과 같이 평소에 아무렇지도 않게 여겼던 것들의 중요성을 알게 된 경험이 있나요?

⑨ 배불뚝이 사장의 어떤 행동을 고치면 좋을 것 같나요?

⑩ 이 책을 읽고 노동에 대해 알게 된 것은 무엇인가요?

아이들과 활동 소감을 나눠요!

- 질문을 만들며 책 내용을 다시 생각해 볼 수 있어서 좋았다.
- 친구들의 다양한 생각을 알 수 있어서 좋았다.
- 내가 생각하지 못한 것을 질문한 친구들이 신기했다.
- 편하게 자세히 볼 수 있도록 학급 누리집에 올려 주면 좋겠다.
- 인상 깊은 장면이나 인물을 그려 그림책 만들기를 해 보면 좋겠다.

질문카드 놀이(1)
-주어진 질문에 답하는 질문카드 놀이

독서 수업 적용

독서 준비	독서	독서 후
		■

독서 수업에서 요구하는 역량

비판적 창의적 사고	자료 정보 활용	의사소통	공동체 대인관계	문화 향유	자기성찰 계발
■		■	■		

질문카드 놀이는 질문 주고받기를 놀이에 접목하여 재미있게 활동하며 질문 능력을 키울 수 있는 독서 수업 방법이다. 이 독서 수업의 목표는 질문 독서법 초기 단계에서 교사가 만든 질문을 충분히 경험하고, 학생들이 스스로 질문을 만드는 단계로 나아갈 수 있게 하는 것이다. 이때 교사는 학생들이 책을 읽을 때 나올 만한 질문을 예상하며 능동적으로 읽

게 하면 좋다. 질문카드 놀이를 통해 학생들은 친구들의 다양한 생각을 이해하고 폭넓은 사고를 경험할 수 있다.

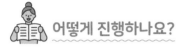 **어떻게 진행하나요?**

☑️ 준비물 : 질문카드
☑️ 수업 대형 : 4인 1모둠 대형으로 만들어서 활동하기에 적합하다.

마법사 똥맨 질문카드	마법사 똥맨 질문카드
마법사 똥맨 질문카드	마법사 똥맨 질문카드
마법사 똥맨 질문카드	마법사 똥맨 질문카드
마법사 똥맨 질문카드	마법사 똥맨 질문카드

[질문카드 앞면]

똥맨은 동수가 얌만호에게서 부채랑을 돌려받도록 도움을 주었습니다. 또 다른 좋은 방법이 있을까요?	고귀남의 별명은 똥뱅입니다. 별명은 상대를 놀리는 것이 될 수 있기 때문에 조심해야 하지만 때로는 사람을 개성 있게 만들어 줍니다. 고귀남에게 또 어떤 별명이 어울릴까요? 그 이유는 무엇인가요?
똥맨은 왜 자신이 키우는 강아지, 복성이를 위해 개망수가 되려고 하였나요?	동 누가를 어려워하는 동수에게 해 준 똥맨의 말이 도움이 된다고 생각하나요? 왜 그렇게 생각하나요?
고귀남의 장점 한 가지를 말해 보세요. 왜 그렇게 생각하나요?	고귀남의 단점 한 가지를 말해 보세요. 왜 그렇게 생각하나요?
『마법사 똥맨』을 읽고, 내가 실천적용하고 싶은 일 한 가지를 말해 보세요. 그 이유는 무엇인가요?	이 책의 작가인 송언 선생님을 만나면 어떤 질문을 할 것인가요?

[질문카드 뒷면]

1. 교사는 학생들이 책을 읽기 시작할 때 질문카드 놀이를 예고한다. 학생들은 책을 읽으며 질문으로 나올 만한 내용, 중요하거나 인상 깊은 부분에 표시를 해 놓는다.

2. 책 읽기가 끝나면 교사는 학생들이 책 내용을 떠올려 볼 수 있도록 줄

거리 말하기나 간단한 퀴즈를 제시할 수 있다.

3. 교사가 질문카드 놀이 방법을 설명한 후 모둠별로 놀이를 시작한다.

4. 질문카드를 질문이 보이지 않게 뒤집어 종과 함께 가운데 놓는다.

5. 가위바위보로 순서를 정하여 문제를 읽어 주는 역할을 정한다.

6. 종을 칠 손을 자신의 책상 위 정해진 위치에 둔다. 문제를 끝까지 듣고 답을 말할 수 있으면 종을 친다.

7. 먼저 종을 친 친구가 답을 말하고, 답을 적절하게 말하면 질문카드를 가져간다. 답을 말하지 못하거나 적절하지 않으면 한 판 쉰다. 답이 적절한지는 모둠 친구들이 결정한다.

8. 가운데 놓인 질문카드가 모두 없어지면 놀이가 끝난다.

9. 질문카드를 가장 많이 얻은 친구가 놀이에서 승리한다.

10. 학생들은 전체로 모여 활동 소감을 나누고, 인상적인 질문이나 답변

초등 독서 수업

을 소개한다.

※ 학생들의 모둠 활동을 영상으로 촬영하면 놓치기 쉬운 학생들의 대답이나 참여 태도를 관찰하여 추후 지도에 활용할 수 있다.

 이렇게 응용하면 좋아요!

◑ 독서 활동

1. 책의 각 장마다 중요하거나 인상적인 부분을 찾아 표시해 두면 질문 카드 놀이 시 질문에 대한 답을 떠올리는 데 도움이 된다.
2. 책을 읽으며 중간에 한 번씩 생각이나 느낌, 소감을 말하도록 하면 학생들이 책 내용을 이해하고 집중하는 데 도움이 된다.

◑ 독서 후 활동

1. 중요하거나 인상적인 부분에 대하여 이야기를 나누면 학생들이 책 내용을 다시 떠올리고 정리하는 데 도움이 된다.
2. 교사가 제시한 질문으로 질문카드 놀이를 하지만 학생들이 질문 1개를 만들어 넣게 할 수 있다. 학생들이 질문 만들기에 큰 부담 없이 참여할 수 있도록 한다.

◑ 기타 진행 Tip

1. 활동 후 질문을 학급 누리집에 올려 질문에 대해 다시 답변해 보도록 한다.

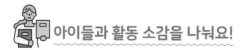 아이들과 활동 소감을 나눠요!

- 놀이로 질문 주고받기를 하니 재미있었다.

- 친구들의 답변을 들으니 재미있었다.

- 질문에 답을 할 수 있어서 좋았다.

- 학생들이 만든 질문으로 질문카드 놀이를 하면 좋겠다.

- 다른 방법으로도 질문카드 놀이를 했으면 좋겠다.

질문카드 놀이(2)
-질문을 만드는 질문카드 놀이

독서 수업 적용

독서 준비	독서	독서 후
	■	■

독서 수업에서 요구하는 역량

비판적 창의적 사고	자료 정보 활용	의사소통	공동체 대인관계	문화 향유	자기성찰 계발
■		■	■		■

앞서 이야기했듯, 질문카드 놀이는 학생들이 질문 주고받기를 놀이처럼 즐기면서 하는 독서 수업 방법이다. 책을 읽으면서 질문을 만들며 책과 소통하고, 책을 다 읽고 난 후에는 친구들과 질문 주고받기 놀이를 하며 다시 책 내용을 되새길 수 있다. 이 과정에서 친구들의 다양한 생각을 비교하며 폭넓은 사고를 경험할 수 있다.

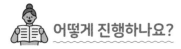 **어떻게 진행하나요?**

☑ 준비물 : 질문카드 틀, 포스트잇

☑ 수업 대형 : 4인 1모둠 대형으로 만들어서 활동하기에 적합하다.

[질문카드 틀]

1. 학생들은 책을 읽으며 중요하거나 인상 깊은 부분에 표시를 해 놓는다.

2. 각 장이 끝날 때마다 포스트잇에 질문을 1가지씩 적는다. 질문은 친구들의 생각을 묻는 질문, 다양한 답이 나올 수 있는 열린 질문으로 만든다. 교사가 열린 질문을 예시로 들어 줄 수 있다.

3. 책 전체 읽기가 끝나면 학생들은 포스트잇에 적은 질문 중에서 4개를 선택하여 질문카드에 1개씩 적어, 총 4개의 질문카드를 완성한다. 이때 교사는 학생들의 질문이 적절한지 살피며 필요한 도움을 준다.

4. 교사가 질문카드 놀이 방법을 설명한 후, 모둠별로 놀이를 시작한다.

5. 4인 1모둠으로 앉아 가위바위보로 이긴 사람이 먼저 질문을 한다.

6. 질문이 끝나면 질문카드를 가운데 내려놓는다.

7. 오른쪽 친구부터 질문에 대한 답변을 한다. 답변을 적절히 한 친구는 다음 순서의 기회를 얻는다. 답변을 한 친구들이 여러 명이면 답변한 친구들 중에서 가위바위보를 하여 이긴 친구가 다음 질문자가 된다.

8. 이와 같은 방법으로 계속하여 모든 질문카드를 먼저 내려놓으면 이기게 된다. 단, 질문이 명확하지 않으면 다른 친구들은 이해될 때까지 질문할 수 있다. ("~은 이런 뜻입니까?")

9. 학생들은 모여 활동 소감을 나누고, 인상적인 질문이나 답변을 소개한다.

10. 교사는 학생들의 질문카드를 모아 게시한다.

 이렇게 응용하면 좋아요!

◑ 독서 활동

1. 책의 각 장마다 중요하거나 인상적인 부분을 찾아 표시해 두면 다양

한 질문을 만드는 데 도움이 된다. 학생 질문 중에서 좋은 질문을 소개한다.

2. 책을 읽으며 중간에 한 번씩 생각이나 느낌, 소감을 말하도록 하면 학생들이 책 내용을 이해하고 집중하는 데 도움이 된다.

◑ 독서 후 활동

1. 질문은 친구들의 생각을 묻는 질문, 다양한 답이 나올 수 있는 열린 질문으로 만들 수 있도록 적절한 예시를 제시한다.

2. 책을 다시 읽고, 책 내용을 자세히 들여다보며 질문을 만든다. 또는 만든 질문에 자신의 생각을 적으며 질문을 적절하게 다듬어 본다. 책 전체를 읽은 후 모둠 친구들과 골고루 장을 나누어 각자 3~4개의 질문 카드를 만들 수도 있다.

◑ 기타 진행 Tip

1. 학생들이 질문을 만드는 동안 교사는 학생들의 질문을 살펴보며 필요한 경우 도움을 주되, 칭찬하고 격려하여 좋은 질문을 만들도록 동기부여하면 좋다.

2. 활동 후 학생들의 질문을 학급 누리집에 올려 친구들의 질문을 자세히 들여다볼 수 있도록 한다.

3. 활동 후 질문을 학급 누리집에 올리고, 다른 모둠 친구들의 질문에 답변할 수 있도록 한다.

● 적용할 수 있는 추천 도서 및 활용 예

1. 어느 날 구두에게 생긴 일(황선미 글, 비룡소)

[1]장	[2]장
주경이가 강아지 점박이를 좋아하는	주경이가 구두를 던질 때
이유는 무엇일까?	어떤 마음이었을까?
이름 ( )	이름 ( )
[3]장	[4]장
주경이는 소풍언니가 말할 때	정아는 왜 주경이의 가방을 챙겨 주었을까?
왜 피했을까?	어떤 마음으로 그랬을까?
이름 ( )	이름 ( )
[5]장	[6]장
주경이는 왜 혜수가 보낸 문자의 느낌표를	명인이가 화가 나고 속상한데도
'심장으로 쏘아진 화살 같이 느꼈을까?	주경이를 깜짝 팀에 넣어 준
	이유는 무엇일까?
이름 ( )	이름 ( )
[7]장	[8]장
현수는 M초콜릿을 자신이 먹지 않고	명인이 할머니가 주경이 가게에서
혜수에게 준 이유는 무엇일까?	일하는 이유는 무엇일까?
이름 ( )	이름 ( )

2. 기타 학생 질문

① 주경이는 실수로 혜수의 머리를 줄넘기로 쳐서 계속 초콜릿을 줍니
   다. 내가 주경이라면 어떻게 할까요?

② 혜수가 주경이에게 심부름을 시킬 때 주경이는 왜 계속 혜수의 말을

따랐을까요?

③ 주경이가 명인이의 구두를 던지고 왜 빨리 고백을 하지 않았을까요?

④ 개가 명인이의 구두를 물어뜯으면 여러분의 마음은 어떨 것 같나요?

⑤ 주경이는 왜 아이들과 아이디어 회의를 하는 우영이가 자신을 의심스럽게 쳐다보는 것 같다고 생각했을까요?

아이들과 활동 소감을 나눠요!

- 질문카드 놀이를 하며 질문을 주고받으니 재미있었다.
- 질문이 어려우면 어떻게 대답해야 할지 고민이 되었다.
- 책 내용을 다시 정리할 수 있어서 좋았다.
- 친구들의 답변을 들으니 재미있었다.
- 다른 모둠의 질문도 볼 수 있도록 질문 전체를 학급 누리집에 올려 주면 좋겠다.
- 친구들의 질문을 선택하여 독서 토론을 하면 좋겠다.
- 독서신문을 만들면 좋겠다.

소통으로
질문 Upgrade!

독서 수업 적용

독서 준비	독서	독서 후
		■

독서 수업에서 요구하는 역량

비판적 창의적 사고	자료 정보 활용	의사소통	공동체 대인관계	문화 향유	자기성찰 계발
■		■	■		

본 수업은 Zoom에서 진행하는 질문 수업으로, 구성원 모두가 온라인으로 같은 공간에서 소통할 수 있는 원격 수업의 장점을 이용한 독서 수업이다. 온라인상에서 다양하고 편리하게 공유 공간을 만들고 활용하여 학급의 개인-모둠-전체가 질문 만들기, 다듬기, 주고받기를 할 수 있다. 교사는 학생들이 단계적으로 자신-모둠-학급의 최고 질문을 만나는 과정

에서 성취감과 협력의 즐거움을 느끼도록 도울 수 있다.

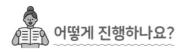

어떻게 진행하나요?

☑ 준비물 : Zoom 프로그램, 개인 화이트보드, 책

☑ 수업 대형 : 전체 → 개인 → 소그룹(모둠) → 전체 등 여러 형태로 수업이 진행

된다.

1. 교사는 학생들에게 최고의 질문 조건을 교사의 예시 질문과 함께 자
   세하게 알려 준다. 조건을 구체적으로 제시하면 학생들 대부분은 조건
   에 맞춰 질문을 만들기 위해 노력한다.
2. 질문 1~2개를 만들되 창의적인 질문, 다양한 의견을 들을 수 있는 질
   문을 만들도록 안내한다.
3. 질문 만들기가 시작되면 학생들은 먼저 개별로 책 전체를 살펴보며
   최고의 질문을 만들어 개인 화이트보드(또는 학습지)에 적는다. 질문을
   먼저 만든 학생은 기다리는 동안 질문을 추가로 만들 수 있다.

나, 너, 우리 함께	선생님, 최고의 질문은?
최고의 질문 만들기	1. 스탠리는 "내가 다르게 생겼기 때문에 다른 아이들이 나를 싫어해"라고 말하면서 힘들어 합니다.(66쪽) 여러분이라면 힘들어하는 스탠리에게 어떤 말을 해주겠습니까?
최고의 질문이란?	
생각을 하게 하는 질문 O (바로 답이 나오는 질문 X), 창의적인 질문 O (다른 사람들이 쉽게 하는 질문 X) 다양한 의견을 들을 수 있는 질문 O (답이 하나인 질문 X)	2. 스탠리의 부모님은 스탠리에게 어떤 부모입니까? 점수를 준다면 10점 중에서 몇 점을 주시겠습니까? 그 이유는 무엇입니까?
질문을 잘해야 똑똑하게 공부할 수 있어요. 질문도 많이 해봐야 잘할 수 있어요.	3. 스탠리에게 배울 점은 무엇이라고 생각합니까?

4. 교사는 Zoom의 '소회의실' 기능을 이용하여 학생 수준을 고려하여
   3~4명 인원으로 모둠을 직접 편성한다.

초등 독서 수업

5. 학생들은 소회의실에서 질문을 각각 소개하고, 최고의 질문 조건에 맞는지 서로 확인한다. 소회의실 활동은 본 수업에서 중요한 활동이며, 조건에 맞는 질문이 되도록 의견을 적극적으로 제시하며 서로 돕는다.

6. 소회의실 활동이 끝나면 학생들은 Zoom 메인 화면으로 돌아온다.

7. 교사는 학생들이 완성한 질문을 올리도록 표가 그려진 파워포인트 화면을 공유하고 Zoom의 주석 기능(참가자가 주석을 달도록 허용-주석 표시기 이름 숨기기-텍스트-형식[같은 글자 색과 크기 사용하게 함])을 사용하여 학생들이 자신의 질문을 직접 쓰게 한다. 이때 학생들은 이름을 밝히지 않고 질문만 입력한다.

8. 교사는 Zoom 채팅창을 열어, 학생들이 각 모둠마다 최고 질문의 번호를 뽑아 비밀메시지로 보내도록 한다. 이때 학생들은 자신의 모둠 차례 때는 추천하지 않는다.

9. 교사는 모둠별 최고의 질문이 뽑히면 [주석-스탬프]를 사용하여 해당 질문에 √표시를 해놓는다. 학생들은 친구들이 뽑은 4개의 질문 중 1개를 선택하여 답변을 한다.

10. 학생들은 활동 소감을 나눈다. 수업 후 교사는 다른 공유 공간에 학생들의 질문을 올려 친구들의 질문에 '댓글'을 달 수 있도록 한다.

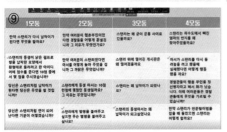

 이렇게 응용하면 좋아요!

☀ 독서 활동

1. 책의 일부분을 학생들과 함께 읽고 교사가 예시 질문을 던져 학생들이 다양한 좋은 질문을 경험할 수 있게 한다.

☀ 독서 후 활동

1. 학생들은 중요하거나 인상적인 부분에 대하여 이야기를 나누며 책 내용을 다시 떠올리고 정리하는 데 도움을 얻을 수 있다.
2. 학생들은 독서퀴즈를 풀며 책 내용을 다시 떠올리고 정리할 수 있다.

☀ 기타 진행 Tip

1. 활동 후 교사는 전체 질문이 담긴 화면을 다른 공유 공간에서 공유하여 과제로 친구들 질문에 댓글을 달게 할 수 있다.

◑ 적용할 수 있는 추천 도서 및 활용 예

1. 납작이가 된 스탠리(제프 브라운 글, 시공주니어)

① 스탠리의 동생이 낡은 펌프로 형을 납작한 모양에서 원 형태로 돌리려고 한 아이디어에 점수를 준다면 10점 중에서 몇 점을 주겠습니까?

② 스탠리에게 별명을 붙인다면 어떤 별명을 붙여 주고 싶나요?

③ 스탠리의 동생 아서는 왜 납작이가 되고 싶었을까요?

④ 아서가 스탠리를 다시 돌려놓으려고 했을 때 만약 실패했다면 어떻게 행동했을까요?

2. 기타 질문

① 경찰관들이 램춥 부인을 정신병자라고 해서 화가 났습니다. 이때 여러분은 경찰관에게 무엇을 가르쳐 줄 수 있습니까?

② 만약 스탠리가 전문 털이범을 잡을 때 들켰다면 스탠리는 어떻게 행동했을까요?

③ 당신은 스탠리처럼 연이 되어 난다면 기분이 어떻겠습니까?

④ 당신은 스탠리처럼 납작이가 된다면 무엇을 할 것입니까?

 **아이들과 활동 소감을 나눠요!**

• 친구들이 질문을 잘 만들어서 놀랐다.

• 친구들과 함께 질문 만들기를 해서 재미있었다.

• 모둠의 최고 질문에 뽑혀서 신기하고 좋았다.

• 다른 친구들 질문에도 댓글로 답을 쓸 수 있으면 좋겠다.

4장

인성교육
중심의
독서 수업

현대사회가 도시화·정보화되어 가면서 교육에 대한 다양한 사회적 요구가 제기되고 있다. 하지만 사회적 요구에도 불구하고 가정과 학교의 교육 기능은 나날이 약화되고 있다. 교육의 장인 학교에서는 교권이 실추되고 있는 현실이고, 입시 중심의 교육정책은 여러 가지 사회문제로 가시화되고 있어 학교교육에 대한 우려의 목소리가 커지고 있다. 더불어 인성교육의 필요성도 대두되고 있다.

인성이란 바람직한 인간의 품성, 사람다운 사람, 인간다운 인간의 품성을 뜻한다. 따라서 인성교육이란 인간다운 인간, 사람다운 사람의 품성을 기르기 위한 교육적 노력이라고 할 수 있다. 인성교육은 도덕교육, 전인교육, 가치관 교육, 기본습관 교육 같은 말과 유사한 의미로 쓰이기도 한다. 광의의 의미로는 인간 교육이나 시민정신 교육과 대체할 수 있는 용어로 교육 전체를 포괄하기도 한다. 협의의 의미로는 예절교육이나 기본적생활습관 교육과 유사한 말로 사용되는 경우도 있다. 결론적으로 인성교육은 사람으로서 바르게 생각하고 행동할 수 있는 성격과 인격, 인품을 형성할 수 있도록 이끄는 중요한 교육활동이다.

학교 현장에서 인성교육이 바람직하게 이루어지기 위해서는 지식 위주의 교육보다는 행동과 실천을 통한 방법이 필요하며, 구체적인 상황과 맥락 속에서 체험적으로 습득하는 것이 효과적이다. 2015 개정 교육과정에서는 교과 교육을 포함한 학교교육 전 과정을 통하여 중점적으로 기르고자 하는 핵심역량을 제시하고 있다. 핵심역량은 일반 역량과 교과 역량의 두 가지로 나누어지며, 총론에서는 다음과 같은 일반 역량을 제시하고 있다.

1. 자아정체성과 자신감을 가지고 자신의 삶과 진로에 필요한 기초 능력과 자질을 갖추어 자기주도적으로 살아갈 수 있는 자기관리 역량
2. 문제를 합리적으로 해결하기 위하여 다양한 영역의 지식과 정보를 처리하고 활용할 수 있는 지식정보 처리 역량
3. 폭넓은 기초 지식을 바탕으로 다양한 전문 분야의 지식, 기술, 경험을 융합적으로 활용하여 새로운 것을 창출하는 창의적 사고 역량
4. 인간에 대한 공감적 이해와 문화적 감수성을 바탕으로 삶의 의미와 가치를 발견하고 향유하는 심미적 감성 역량
5. 다양한 상황에서 자신의 생각과 감정을 효과적으로 표현하고 다른 사람의 의견을 경청하며 존중하는 의사소통 역량
6. 지역·국가·세계 공동체의 구성원에게 요구되는 가치와 태도를 가지고 공동체 발전에 적극적으로 참여하는 공동체 역량

인성교육은 교육의 현재이고 미래이며, 가장 중요한 부분이다. 따라서 그 어떤 교육활동보다도 인성교육을 교육의 중심에 놓아야 한다. 하지만

기능주의적이고 결과주의적 교육관으로 인해 교육 현장에서 인성교육의 기능은 약화되었으며, 이로 인해 다양한 문제가 야기되고 있다.

인성교육의 방안은 여러 가지가 있지만, 최근 독서를 통한 인성교육이 부각되고 있다. 독서는 상상을 통해 감정을 움직이고 도덕적 실천 의지를 불러일으키며, 인간을 지적으로 성장시키고, 정서를 함양케 하여 지적·정서적인 균형을 지닌 인간이 될 수 있도록 도와준다. 그래서 시대와 지역, 역사를 막론하고 모든 나라에서 독서의 중요성을 강조해 왔다.

동양의 전통적 독서관은 인격을 함양하고 이치를 탐구하는 수단으로 보고 있는데, 이러한 전통적 관점이 현재에도 여전히 주요한 관점 중 하나로 여겨지고 있다. 서양의 전통적 독서관도 정신과 인격을 수양하고, 인간을 교육하는 중요한 수단으로 보고 있다. 삶에 대한 올바른 가치관과 태도를 기르는 것은 인성교육의 목표이자 모든 교육의 궁극적 지향점이기도 하다. 독서는 매체를 통해 저자의 사상과 인류의 보편적인 가치를 접할 수 있는 활동인데, 이를 통해 도덕적 앎과 실천 의지를 깨우치며, 바른 생각과 도덕적 체험을 경험케 한다.

독서가 삶의 자세와 가치관 형성에 어떠한 영향을 미치는지 살펴보면 다음과 같다.

1. 독서는 동일화 작용을 한다. 동일화는 자기 주위에 있는 인물을 무의식적으로 자기와 동일시하는 작용으로, 학생들은 자기가 좋아하는 대상과 언어, 외모, 습관까지 동화되고자 한다.
2. 독서는 심적 외상을 제공한다. 이것은 단 한 번의 충격 혹은 고통의 경험에 의해서 성격상 현저한 영향을 받는 것을 말한다.

3. 독서는 총합을 가능하게 한다. 어떤 책을 읽고 있으면 점차 부분적으로 알게 되며, 그것은 드디어 총합이 되어 전체가 형성된다.
4. 독서는 주체화를 가능하게 한다. 이것은 타인의 이야기였던 것이 자신의 이야기로 진화되는 것이다.
5. 독서는 분화를 가능하게 한다. 이것은 일반적인 태도가 독서에 의해서 어떤 특정 방향으로 분화되는 것을 말한다.
6. 독서는 승화를 가능하게 한다. 이는 저급한 욕망을 고등한 욕망의 작용으로 승화시키는 것이다.

책 속에서는 시공간을 초월하여 많은 사람들과의 만남이 가능하다. 이 만남을 통해 새로운 세계를 경험할 수 있는데, 이 세계는 지식의 세계가 되기도 하고, 때로는 깨달음의 세계가 되기도 한다. 그러므로 가치관과 인성을 정립해 나가는 시기인 학생들에게 독서는 그 어느 시기보다 특별하다. 같은 환경에 살아도 책을 가까이 하는 학생과 그렇지 않은 학생의 삶에 대한 자세와 가치관이 다른 것은 이 때문이다.

지성과 인성을 겸비한 전인으로서의 인간 육성은 교육과정 개정 시마다 그 중요성이 강조되었다. 교과 통합적 차원에서 인성 중심의 수업을 하거나 구성주의를 기반으로 한 협동학습, 프로젝트 학습 등을 통해 교육적 시도를 하고 있지만, 시공간적 문제를 고려한다면 가장 효과적인 교육 방법은 인성 중심의 독서교육으로 볼 수 있다. 따라서 학교 현장에는 독서교육을 통한 인성교육이 필요하다. 친구를 왕따시키거나 폭력적 행동을 하고, 교권을 실추시키는 행동을 서슴지 않는 등 다양한 청소년 문제가 만연하고 있는 교육 현실에서 독서를 통한 인성교육은 바람직한 해결 방안을 제시할 것이다.

「인성교육진흥법」에서 제시하고 있는 인성교육은 자신의 내면을 바르고 건전하게 가꾸고, 타인·공동체·자연과 더불어 살아가는 데 필요한 인간다운 성품과 역량을 기르는 것을 목적으로 하는 교육을 말한다. 예, 효, 정직, 책임, 존중, 배려, 소통, 협동 등의 마음가짐이나 사람됨과 관련되는 가치를 핵심적인 가치 또는 덕목으로 삼고 있다.

따라서 인성교육 중심의 독서교육 프로그램의 주제 선정은 「인성교육진흥법」의 핵심가치 및 덕목을 기초로, 학생들에게 자신과 가족을 소중히 여기고, 타인을 배려하며, 이웃의 아픔에 공감하고, 나눔을 생활에서 실천하는 조화로운 인간으로 성장할 수 있도록 이끄는 주제를 중심으로 선정해야 한다.

또한 인성교육은 인성에 대한 지식(인지적 특성), 인성에 대한 태도(정의적 특성), 인성에 대한 행동(실천적 특성)이 동반되어야 하므로, 인성교육을 위한 독서 자료는 인지적·정의적·행동적 특성을 두루 반영한 것이어야 한다. 독서를 통한 인성교육에 있어서 독서 자료는 논리나 지식보다는 마음속에 형성되는 정서적 태도 형성을 강조한다는 점 때문에 문학작품이 주를 이루겠지만, 인성 자체에 대한 지식과 정의적 측면 혹은 행동적 측면을 다룬 비문학 독서 자료를 통해서도 인성교육의 목표를 달성할 수 있다. 따라서 인성교육 중심의 독서교육 프로그램에서는 문학작품과 함께 비문학 작품에 대한 적용도 중요한 요소로 고려해야 한다.

인성교육을 위한 독서 자료는 다른 독서교육이나 독서지도와 마찬가지로 학생들의 눈높이에도 맞아야 한다. 이를 위해 우선 읽기 편해야 하고, 질적 수준이 낮아서는 안 된다. 쉽게 읽히되 수준을 인정받아야 하고, 공감할 수 있어야 한다. 또한 학생들 각자의 독서 목적이 서로 다르므로 상황에 맞는 책이어야 한다. 따라서 책의 종류는 골고루 선정하여 안내해야 하며, 학생들의 독서 능력과 수준에 맞는 작품과 사회적으로 논의되고 있는 공통의 문제를 포함한 책, 궁극적으로 바른 인성 함양에 긍정적 영향을 미치는 다양한 읽기 자료를 선정해야 한다.

인성교육 중심의 독서교육 프로그램은 개별 혹은 학급 단위로 실시할 수 있다. 특정 분야의 인성 지도가 필요한 학생에게는 그에 알맞은 자료와 활동을 통해 지도하고, 집단으로 실시할 경우에는 그 안에서 소그룹의 모둠을 조직하여 실시하거나 전체를 대상으로 실시할 수 있을 것이다. 개별 지도의 경우에는 독서 감상문을 비롯한 글쓰기와 만화 그리기를 비롯한 시각적으로 표현하는 방법, 주제가 만들기 등의 다양한 독후 활동을 할 수 있다. 집단 지도의 경우에는 토론, 역할극, 독서신문 만들기 등을 비롯한 여러 가지 형태의 프로그램을 통해 목적을 달성할 수 있다. 이러한 활동을 위한 수업 방법은 협동학습, 집단 토의, 브레인스토밍, 학습일지, 역할놀이, 그래픽조직자, 벤다이어그램, 주제 탐구학습 등의 다양한 방법이 적용될 수 있다.

무엇보다 학생들의 정서적 요인이 인성 발달에 영향을 미치므로 학생들의 독서 능력 및 발달 정도, 흥미 등을 인성교육 중심의 독서교육 프로그램 개발 및 적용 시 중요 요소로 고려해야 할 것이다.

감자 이웃으로
나눔 실천하기

독서 수업 적용

독서 준비	독서	독서 후
■	■	■

독서 수업에서 요구하는 역량

비판적 창의적 사고	자료 정보 활용	의사소통	공동체 대인관계	문화 향유	자기성찰 계발
■		■	■		■

'감자 이웃 프로젝트'는 1학기 4월 초부터 감자를 수확하는 7월까지 매 달 한 번씩 진행하기 좋은 활동이다. 학교 텃밭에 학생 개개인의 감자 모 종을 심고, 일주일에 한 번씩 관찰하며 관찰 일지를 작성한다.

독서 시간에는 『감자 이웃』 책을 읽으며 감자로 만들 수 있는 요리, 그 리고 나눔의 의미에 대해서 생각해 보는 시간을 갖는다. 내가 열심히 키운 감자로 어떤 요리를 만들지, 누구와 함께 나누어 먹을지에 대해서도 생각해 보고, 이를 그림책의 한 장면으로 꾸며 본다. 전체 학생들의 작품을 엮어서 『우리 반의 감자 이웃』 책을 만들어 교실 한쪽에 배치해 두면 학생들의 소중한 보물이 될 것이다.

마지막으로 1학기를 마칠 때 마무리 잔치 활동으로 모둠별 감자 요리 콘테스트를 진행하여 학생들이 수확의 기쁨, 나눔의 기쁨을 경험할 수 있는 장을 마련해 본다. 이 활동을 통해 학생들은 생명의 신비와 소중함, 학급 구성원으로서의 소속감과 공동체 의식을 느낄 수 있을 것이다.

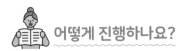 **어떻게 진행하나요?**

✓ 준비물 : 『감자 이웃』책, 개인별 감자 모종, 수채 색연필, 파스텔, 흰 도화지, 요리 실습 도구 등

활동1. 텃밭에 감자 심기

1. 4월 초 식목일을 맞이하여 학교 텃밭에 감자 모종을 심는다.

2. 일주일에 한 번씩 텃밭에 가서 변화 상태를 관찰 일지에 기록한다.

활동2. 『감자 이웃』 책 함께 읽기

1. 수업 시간에 『감자 이웃』 책을 함께 읽는다.

2. 책을 읽은 후 감자로 만들 수 있는 요리, 나누어 먹었을 때 좋은 점 등에 대해 이야기를 나누어 본다.

3. '나눔'의 의미에 대해서 모둠별로 충분히 토의한 후, 정의를 내려 본다.

활동3. 감자 요리 레시피 정리하기

1. 태블릿 PC나 컴퓨터 등을 활용하여 감자로 만들 수 있는 요리를 검색한다.

2. 그중에서 만들고 싶은 요리를 정하고 레시피를 정리한다.

활동4. 그림책의 한 장면 꾸미기

1. 누구와 나누어 먹고 싶은지에 대해서도 이야기를 나누어 본다.

2. 이를 도화지에 그려 본다. 원작의 문체와 그림의 느낌을 살려 비슷한 느낌으로 표현하도록 안내한다.

활동5. 감자 수확하기

1. 텃밭에서 감자를 수확한다. 맨손으로 흙 속을 뒤적이며 직접 감자를 수확했을 때 재미와 감동이 배가 된다.

2. 잘 자라 준 감자에게 감사 인사를 한다.

3. 요리 실습 때까지 교실 한쪽에 잘 보관하며 매일 '고마워', '사랑해' 등의 격려의 말을 해 준다.

초등 독서 수업

활동6. 감자 요리 실습

1. 1학기 마무리 행사로 감자 요리 실습을 진행한다. 모둠별로 만들고 싶은 감자 레시피를 정리해서 각자 재료를 준비해 오도록 안내한다.

2. 각 모둠별로 요리를 만든 후, 모둠장이 요리를 소개한다.

3. 한 모둠씩 나와 큰 접시에 각 모둠의 감자 요리를 조금씩 담아 뷔페식으로 나누어 먹는다.

4. 실습이 끝난 후 그동안의 감자 프로젝트 과정을 사진으로 다시 한번 보며 느낀 점 등을 공유한다.

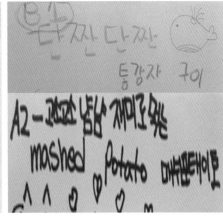

 이렇게 응용하면 좋아요!

◐ 독서 활동

1. 『감자 이웃』 책을 한 쪽씩 맡아 자신의 이름이 들어가도록 읽으면 더욱 실감 나게 읽을 수 있다. 예를 들어 '404호에 사는 ○○는 보드라운 감자 샐러드를 만들었습니다.' 하고 이름만 바꾸어도 학생들은 자신과 밀접한 관련성을 느끼며 몰입하여 책을 읽는다.

◐ 기타 진행 Tip

1. 아이들이 그린 그림을 엮어 『우리 반 감자 이웃』 책을 만들 때 그대로 엮어서 원본의 느낌을 살리는 방법도 좋지만, 스캔을 떠서 학급용 그림책으로 출판하는 방법도 있다. 다소 번거롭지만 내 작품에 대한 자부심을 느끼기에 출판만큼 좋은 방법도 없을 것이다.

2. 그림책의 한 장면을 그릴 때, 수채 색연필과 파스텔을 사용하면 전체적으로 비슷한 색감을 얻을 수 있다. 한 권으로 엮을 책이기 때문에 각

페이지마다 색감의 차이가 도드라지면 일관성이 결여되어 보일 수 있다. 따라서 사용하는 재료나 문체의 틀을 맞춰서 진행하면 좋다.

3. 감자 요리 실습 때 모둠의 요리를 잘 드러낼 수 있는 '요리명'을 지어 삼각대로 만들어 전시하면 좋다. 모둠이 만든 요리를 모둠원만 먹는 것이 아니라, 뷔페식으로 다른 모둠원과도 함께 나누어 먹으면 나눔의 의미를 더욱 되새길 수 있다.

4. 나눔의 의미를 살려 텃밭에서 기른 작물을 학급별로 달리하여 다른 학급과 나누어 먹는 활동도 추가할 수 있다.

◑ **적용할 수 있는 추천 도서 및 활용 예**

1. 할머니의 감자(파메랄 엘렌 글, 풀빛)

2. 감자에 싹이 나서(김성종 글그림, 낮은산)

3. 어마어마하게 커다란 감자(오브리 데이비스 글, 국민서관)

아이들과 활동 소감을 나눠요!

• 감자 하나로 이렇게 다양한 요리를 할 수 있는지 몰랐다.

• 내가 심고 가꾼 감자로 요리를 해 먹으니 더욱 맛있었다.

• 사실 나는 급식에 감자가 나오면 잘 먹지 않는데, 이번에는 너무나 맛있게 잘 먹었다.

• 4월에 심었던 감자가 오동통해져서 이렇게 주먹만 한 감자가 되었다는 게 너무나 놀라웠다. 생명은 정말 신비로운 것 같다.

• 친구들과 함께 활동하고 나누어 먹어서 더 즐거웠던 것 같다.

독서로
자존감 뿜뿜!

독서 수업 적용

독서 준비	독서	독서 후
■		■

독서 수업에서 요구하는 역량

비판적 창의적 사고	자료 정보 활용	의사소통	공동체 대인관계	문화 향유	자기성찰 계발
		■	■	■	■

자존감은 말 그대로 자신을 존중하고 사랑하는 마음이다. 『초등 자존감 수업』에서 저자는 '나는 무엇이든 할 수 있다'는 자신감과 '좋은 결과를 내지 못해도 나는 소중한 존재'라는 자기 가치감이 아이의 자존감을 결정한다고 말한다. 자존감을 향상시킬 수 있는 다양한 그림책을 아이들과 함께 나누면서, 지금은 조금 서툰 부분이 있더라도 나는 소중하고 특별

초등 독서 수업

한 존재이며, 다른 친구들도 나와 같이 소중한 존재임을 깨닫기를 바라는 마음에서 활동을 구성했다.

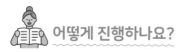 어떻게 진행하나요?

☑ 준비물 : 『치킨 마스크』, 『완두』, 『숟가락』, 『루빈스타인은 참 예뻐요』, 『세상에서 가장 아름다운 달걀』, 『작고 하얀 펭귄』 등의 책, '뇌 구조 그리기' 활동지, A4 용지, 포스트잇, 색연필, 사인펜, 무지 컵홀더, 투명 컵 등

1주차. 뇌 구조 그리기 및 종이 찢기를 통해 생각해 보는 나

1. 나 자신에 대해 알아보기 위해 '뇌 구조 그리기' 활동을 진행한다. 교사의 현재 뇌 구조를 예시로 보여 준 후, 선배들의 뇌 구조 그리기 결과물도 참고로 보여 준다.

2. 커다란 칸에는 많이 하고 있는 생각을 쓰고, 작은 칸에는 상대적으로 비중이 작은 부분을 쓰도록 한다.

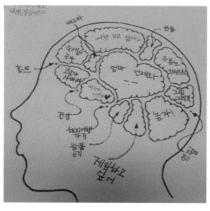 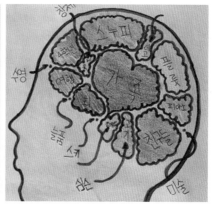

3. 다음으로 종이를 손으로 찢어 현재의 나를 표현해 보는 활동을 진행한다. 자동차에 관심이 많은 친구는 '자동차' 모양으로, 매일 학원과 과제 등으로 스트레스가 많은 친구는 종이에 큰 구멍을 뚫어 표현할 수도 있다.
4. 자신의 모습을 표현한 후, 다른 모둠 친구들의 작품을 감상한다.
5. 친구들의 작품을 보며 포스트잇에 어떤 모습을 표현한 것인지 예상해서 써 본다.
6. 활동이 끝나면 각자 작품의 의미를 모둠 친구들에게 설명한다.

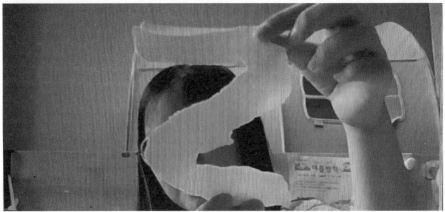

2주차. 자존감과 관련된 다양한 그림책을 읽고 '자존감' 글자 퍼즐 만들기

1. 교사는 모둠별로 자존감과 관련된 그림책을 소개한다. 총 4모둠이라면 1모둠은 『치킨 마스크』, 2모둠은 『완두』, 3모둠은 『숟가락』, 4모둠은 『루빈스타인은 참 예뻐요』 등의 책을 제공하여 모둠원이 돌아가며 읽는다.

2. 모둠 대표는 책 내용을 간단하게 소개한다.

3. 모둠원은 자신이 생각하는 '자존감'이란 무엇인지 이야기를 나눈다. 의견 모으기를 통해 '자존감이란 ~이다.'와 같이 자존감의 뜻을 정의한다.

4. '글자 퍼즐 만들기' 활동을 해 본다. 손바닥 크기의 작은 메모지에 각 모둠에서 정의한 뜻을 한 글자씩 써서 섞은 후, 다른 모둠이 이를 순서에 맞게 배치하는 활동이다.

5. 활동을 마친 후, 교사는 '자존감'의 사전적 정의를 알려 준다.

6. 학생들은 각 모둠별로 읽은 책의 어떤 부분에서 주인공의 자존감을 느꼈는지 이야기를 나누며 마무리한다.

3주차. 나의 장점 best20 리스트 작성과 나만의 컵홀더 만들기

1. 수업 도입부에서 『세상에서 가장 아름다운 달걀』 책을 읽는다.

2. 책을 읽고 내가 만약 임금님이라면 가장 아름다운 달걀로 무엇을 선택했을지 친구들과 생각을 나누어 본다.

3. 그림책 속의 닭처럼, 각자가 가진 장점에 대해 브레인스토밍한 후 '나의 장점 best20 리스트 만들기' 활동을 한다.

4. '나만의 컵홀더 만들기'를 진행한다. 먼저 다양한 컵홀더 디자인 예시를 보여 준 후 학생들도 자신을 표현할 수 있는 컵홀더 디자인을 제작

해 보도록 한다. 나의 장점, 나를 나타내는 색깔, 나를 나타내는 단어, 나의 좌우명 등을 생각하며 만들도록 한다.

5. 완성 후 투명 컵에 컵홀더를 끼워 교실 창가에 전시한다.

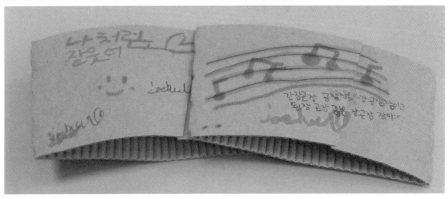

4주차. 재능 기부 박람회

1. 학생 각자가 잘하는 것, 자신 있는 것을 생각해 본다. 오목, 공기놀이, 네일아트, 나만의 학습 비법, 바이올린 연주, 하모니카 연주 등 자신의 재능을 나눌 수 있는 것이라면 어떤 것이라도 좋다.

2. 재능을 친구들과 어떻게 나눌 것인지 활동 진행 방법 등을 계획서에 적어 보게 하고, 다음 시간까지 준비해 오도록 안내한다.

3. 재능 기부 박람회를 진행하는 날에는 전체 학생을 두 그룹으로 나누

초등 독서 수업

어 첫 번째 그룹이 먼저 재능 기부 활동을 하고, 일정 시간이 지나면 두 번째 그룹이 활동을 진행한다. 재능 기부 활동은 일대일 만남을 원칙으로 하고, 주어진 시간 동안 다양한 친구들과 재능을 함께 나눌 수 있도록 독려한다.

※ 코로나19로 인해 등교와 접촉이 어려운 상황에서는 '내가 이것만큼은 우리 반 1등이야!'를 주제로 학생 개개인 영상을 찍어 원격 수업에서 함께 시청하고, 이야기를 나눌 수 있다.

 이렇게 응용하면 좋아요!

◐ 기타 진행 Tip

1. '종이 찢기' 활동에서 종이 대신 레고, 고무줄, 클레이, 바둑돌, 나뭇잎

등 다양한 소재를 활용해 진행해 볼 수 있다.

2. '글자 퍼즐 만들기' 활동에서 숫자, 그림, 기호 등을 2~3가지 섞어서 표현하면 더 흥미롭게 진행할 수 있다.

3. '나만의 컵홀더 만들기' 활동에서 컵홀더를 디자인할 때, 앞서 작성한 나의 장점이 잘 드러날 수 있도록 나를 브랜드화한 디자인을 생각할 수 있는 충분한 시간을 준다. 투명 컵에 작은 씨앗을 심어 식물을 키우는 활동도 추가하여 씨앗과 함께 성장하는 하루하루를 경험해 볼 수 있다.

4. 재능 기부 활동을 하기 전에 미리 안내하여 충분히 준비할 수 있도록 한다. 재능 기부 목록이 확정되면 팸플릿 등을 만들어 미리 안내하고, 스탬프 책을 만들어 참여할 때마다 각 코너에서 도장을 받아 열심히 활동에 임한 친구들을 격려해 줄 수도 있다. 학기말이나 학년말에 진행하면 학생들에게 특별한 이벤트가 될 수 있다.

◑ **적용할 수 있는 추천 도서 및 활용 예**

1. 세상에서 가장 아름다운 달걀(헬메 하이네 글, 시공주니어)

2. 발레리나 벨린다(에이미 영 글, 느림보)

3. 치킨 마스크(우쓰기 미호 글, 책읽는곰)

4. 숟가락(에이미 크루즈 로젠탈 글, 지경사)

5. 중요한 사실(마거릿 와이즈 브라운 글, 보림)

6. 루빈스타인은 참 예뻐요(펩 몬세라트 글그림, 북극곰)

7. 완두(다비드 칼리 글, 진선아이)

8. 작고 하얀 펭귄(와다 히로미 글, 북뱅크)

초등 독서 수업

**아이들과 활동 소감을 나눠요!**

- 종이를 찢어 낯가림이 심하지만 친해지면 금세 마음을 여는 내 모습을 표현했다.
- 종이 찢기로 다양한 분야에 관심이 많은 내 모습을 표현했다.
- 나는 단점이 많은 사람이라고 생각했는데, 이렇게 많은 장점이 있다는 것을 알고 깜짝 놀랐다.
- 이렇게 특별한 나 자신을 사랑하고 아껴 주어야겠다는 생각을 하게 되었다.
- 사람마다 재능이 다르다는 것을 알게 되었다.
- 내가 소중한 것처럼 다른 친구들도 소중하다는 것을 느꼈다.
- 나중에 커서 내 개성을 살린 나만의 브랜드를 꼭 만들고 싶다!
- 내가 관심 있는 분야를 사람들에게 알려 주는 유튜브 영상을 만들어 보고 싶다.
- 내 장점을 나타내는 노래를 만들어 보고 싶다.
- 내가 좋아하는 레고로 나를 표현해 보고 싶다.

부모님 사랑해요 프로젝트

독서 수업 적용

독서 준비	독서	독서 후
		■

독서 수업에서 요구하는 역량

비판적 창의적 사고	자료 정보 활용	의사소통	공동체 대인관계	문화 향유	자기성찰 계발
		■	■	■	

5월이 되면 완연한 봄기운이 우리를 감싼다. 따뜻한 날씨 속에 '어린이날', '어버이날', '스승의날' 등 여러 행사로 정신없이 한 달이 지나가는데, 이 중 '어버이날'을 좀 더 의미 있게 보낼 수 있도록 계획한 활동이다. 이 프로젝트는 크게 세 부분으로 나눌 수 있다.

먼저 부모님의 사랑을 느낄 수 있는 그림책을 함께 읽는다. 그림책의 감동을 학급 친구들과 나눈 후에, 내가 부모가 되었다 생각하고 달걀을 하나씩 받는다. 미션은 하루 동안 달걀을 깨뜨리지 않고 잘 보살피는 것이다. 단 몇 시간이지만 달걀이 깨지지 않도록 각별히 보살피다 보면 학생들은 부모님의 마음을 조금이나마 헤아리게 된다.

마지막 과제는 '부모님 발 씻어 드리기'로, 가정에서 부모님의 발을 깨끗이 씻어 드린 후 로션을 바르는 활동이다. 부모님과 자녀가 더욱 가까워질 수 있는 시간을 만들어 줄 것이다.

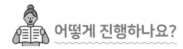 어떻게 진행하나요?

☑ 준비물 : 부모님의 사랑을 느낄 수 있는 그림책, 달걀, 달걀판, 종이컵, 휴지, 색종이, 매직, '부모님 발 씻어 드리기 미션' 활동지

활동1. 그림책 읽고 감동 나누기

1. 『진짜 엄마 찾기』, 『아빠, 미안해하지 마세요』 등의 그림책을 읽으며 부모님의 소중함을 느껴 본다.
2. 부모님께 하고 싶은 말을 모둠원끼리 돌아가며 5글자로 표현하기, 친구들에게 우리 부모님의 좋은 점 소개하기 등의 활동을 진행한다.

> 학생들이 만든 5글자>
>
> 정/말/사/랑/해/   언/제/나/내/편   늘/함/께/해/요

활동2. 엄마 닭이 되어 달걀 품기

1. 나만의 달걀을 하나씩 받는다. 학생들은 부모님의 옷을 입고 달걀을 소중하게 돌봐야 한다. 깨뜨리지 않아야 하고, 언제 어디든 함께 다녀야 한다.

2. 달걀에 눈, 코, 입을 그려 넣고 휴지나 색종이로 옷도 만들어 준다.

3. 달걀의 이름, 성별, 이름의 뜻, 앞으로 어떻게 자랐으면 하는지 소망을 담아 메모지에 기록한다.

4. 교과 시간에는 달걀을 '학급 어린이집'에 맡기고 이동한다.

5. 쉬는 시간에는 달걀 아이가 여러 친구들을 만날 수 있도록 도와준다.

6. 하교 전 활동 소감을 나누고, 종이컵에 달걀을 담아 집으로 가져간다.

7. 부모님과 함께 활동에 대한 이야기를 나누어 본다.

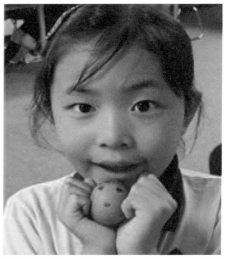

활동3. 부모님 발 씻어 드리기

1. 저녁에 부모님의 발을 깨끗이 씻어 드리고 인증 사진을 찍어 활동지에 첨부한다.

2. 로션도 꼼꼼하게 발라 드리면서 부모님께 감사한 마음을 전한다.

3. 활동지에 나의 활동 소감과 부모님의 소감을 적는다.

4. 교실에서 활동 소감을 나눈다.

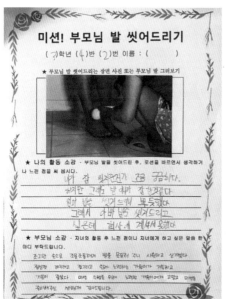
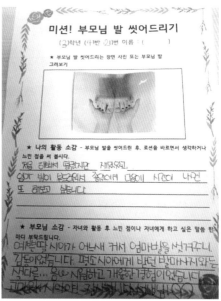

 이렇게 응용하면 좋아요!

◐ 기타 진행 Tip

1. 책을 읽을 시간이 충분하다면 분량이 길긴 하지만 『거북 아빠 만세!』
   (신현신 글, 채우리)라는 책도 부모님의 사랑과 생명의 소중함을 깨닫는
   데 좋은 책이다. 이 책의 주인공 한별이가 거북이를 살뜰히 돌보는 과
   정을 살펴보며, 어버이날 프로젝트인 '엄마 닭이 되어 달걀 품기' 활동
   에 보다 감정을 이입하며 참여할 수 있다.

2. '엄마 닭이 되어 달걀 품기' 활동을 할 때 혹시나 달걀이 깨져서 교실 환경이 걱정된다면, 작은 비닐봉지 안에 달걀을 넣어서 다니도록 해도 좋다. 물론 달걀 그대로 돌보는 것보다 감흥은 덜하겠지만, 봉지 안에 넣어 활동하면 달걀이 깨져도 교실이 더러워질 염려가 없어 활동에 대한 부담감이 적다. 삶은 달걀을 활용하는 것도 한 방법이다.

3. '부모님 발 씻어 드리기' 활동을 안내할 때 3학년 아이들의 반응이 "으악~ 이걸 어떻게 해요!"라는 부정적인 반응이 대다수였다. 대부분의 아이들이 부모님의 발을 씻겨 드린 경험이 없었고, 부모님의 발을 관찰해 본 경험도 없었다. 아이들을 독려하기 위해 "한번 해 보면 분명 부모님께도, 여러분에게도 잊지 못할 특별한 경험이 될 거예요."라고 말해 주고, 미션을 학급 보상과 연계하면 보다 참여율을 높일 수 있다.

4. 학급 활동비로 작은 핸드크림을 사서 라벨을 만들어 붙여 어버이날 선물로 보내 드려도 좋다. 틈나는 대로 부모님 손에 핸드크림을 발라 드리며 감사한 마음을 표현해 보도록 안내한다.

> 이것은 그냥 핸드크림이 아닙니다.
> (   )의 부모님 마음을 사르르 녹여 주는 마법의 크림입니다.
>
> - 효능 및 효과 : 피로 회복, 자신감 충전, 스트레스 해소, 가족 스킨십 충전
> - 사용법 : 피곤이 몰려올 때마다 자녀에게 발라 달라고 요청해 주세요. 혼자서 바르면 별로 효과가 없습니다.

◑ 적용할 수 있는 추천 도서 및 활용 예

1. 사랑해, 아빠(김주현 글, 마루벌)

2. 엄마 아빠를 바꾸다(고정욱 글, 아이앤북)

3. 아빠, 미안해하지 마세요!(홍나리 글그림, 한울림스페셜)

4. 할머니 엄마(이지은 글그림, 웅진주니어)

5. 진짜 엄마 찾기(유명금 글그림, 키큰도토리)

6. 아빠 해마 이야기(에릭 칼 글그림, 더큰컴퍼니)

7. 엄마의 의자(베라 B. 윌리엄스 글그림, 시공주니어)

8. 까만 코다(이루리 글, 북극곰)

 아이들과 활동 소감을 나눠요!

- 부모님 발을 씻겨 드리면서 굳은살이 너무 많아 깜짝 놀랐다. 우리를 키우시느라 이리 뛰고, 저리 뛰어다니시면서 이렇게 거친 발이 되었나 싶어 죄송하기도 했다. 마지막에 로션을 바르면서 엄마의 굳은살을 내가 다 부드럽게 만들어야지, 하고 결심했다. 엄마, 아빠 사랑해요! 더욱 착한 딸이 될게요.

- 엄마 닭이 되어 달걀을 돌보면서 부모님의 마음을 조금이나마 이해할 수 있었다. 달걀이 깨질까 봐 마음을 졸이기도 했고, 내 달걀이 조금 더 멋진 아이가 되었으면 해서 예쁜 말도 많이 해 주었다.

- 각자 부모님 그림책을 만들어 선물해 드렸으면 좋겠다.

- 부모님이 매일 사용하실 수 있게 비누를 만들어 드리고 싶다.

이순신과 함께하는 나의 꿈

독서 수업 적용

독서 준비	독서	독서 후
		■

독서 수업에서 요구하는 역량

비판적 창의적 사고	자료 정보 활용	의사소통	공동체 대인관계	문화 향유	자기성찰 계발
	■	■	■		■

월트 디즈니(Walt Disney)의 명언 가운데 "꿈꿀 수 있다면, 그 꿈을 이룰 수도 있다."는 말이 있다. 하루하루를 그저 흘려보내듯이 살아가는 학생과 꿈을 향해 현재 내가 할 일을 스스로 선택하며 살아가는 학생의 미래는 큰 차이가 있을 것이다.

'이순신과 함께하는 나의 꿈' 프로젝트는 독서를 통해 자신의 꿈을 구체적으로 생각해 보는 활동으로 구성되어 있다. 『이순신』 책을 읽으며 인물의 업적을 파악하는 데서 그치는 게 아니라, 위인의 삶을 통해 나의 삶을 그리고 계획해 보는 시간을 갖는다. 또한 부모님이 원하는 삶이 아닌, 내가 진정으로 좋아하는 것은 무엇인지 생각해 보고, 이를 위해 할 수 있는 일을 찾아본다.

약 4주 동안 내 명함 만들기, 나의 연표 만들기, 롤모델 박람회 등의 활동을 해 보면서 학생들이 앞으로 어떤 꿈을 갖고, 어떤 노력을 하며 살아가야 하는지 목표 의식을 갖길 바라는 마음으로 독서 수업을 진행한다.

 어떻게 진행하나요?

✅ 준비물 : 『이순신』 책, 연표 활동지, 색연필, 가위, 풀, 도화지 등

1주차. 이순신에 대해 알아보기

1. 『이순신』 책을 읽고 이순신의 업적에 대해 이야기를 나눈다.
2. 남녀 대결 '스피드 퀴즈' 또는 '파리채 퀴즈', 원격 수업이라면 '팅커 벨', '퀴즈앤' 등으로 재미있게 책의 내용을 확인해 볼 수 있다.

2주차. 나의 명함 만들기

1. 본격적으로 꿈 프로젝트를 진행한다.
2. 프레젠테이션을 통해 여러 직업인의 명함을 확인한 후, 내 꿈을 담은 명함을 만든다. 너무 많은 정보를 담기보다는 간단하면서도 내 직업을 명료하게 나타낼 수 있도록 지도한다.

3. 만들기 활동이 끝나면 그 꿈을 이루었다고 가정하고, 친구들을 만나 '나의 명함 소개하기' 활동을 진행한다.

3주차. 나의 연표 만들기

1. 『이순신』 책의 부록에 첨부된 '이순신 연표'를 살펴보며 '연표'란 무엇인지, 이순신은 시기별로 어떤 업적을 남겼는지 함께 확인해 본다.

2. 내 꿈을 이루어 나가는 과정, 남기고 싶은 업적, 직업을 갖고 난 후에도 하고 싶은 일 등을 생각해서 [나의 연표 활동지]를 작성한다.

3. 발표할 때에는 실물 화상기에 비추어서 나의 연표를 소개한 후, 친구들로부터 궁금한 점이나 흥미로운 점 등에 대한 질문을 받는다.

4주차. 롤모델 소개 박람회

1. 내 꿈과 관련된 롤모델에 대해 미리 조사한 자료를 바탕으로 이를 소개하는 삼각책을 만든다. 롤모델은 내 꿈과 관련된 사람도 좋고, 꿈이랑은 상관없지만 본받고 싶은 점이 있는 사람도 가능하다.

2. 모든 친구들이 삼각책을 완성하면, 두 그룹으로 나누어 '나의 롤모델 소개하기' 활동을 진행한다.

3. 박람회장처럼 각자의 부스를 꾸려 삼각책과 롤모델 관련 자료를 가지고 앉아 있으면, 다른 그룹 친구들이 와서 설명을 듣는다. '설명자의 소개 2분 → 듣는 친구의 질문 2분 → 퀴즈 1분'의 형식으로 활동을 진행한다.

4. 듣는 친구들은 자신의 활동책에 설명자가 소개한 롤모델에 대한 내용을 키워드 중심으로 기록한다.

5. 일정 시간이 지나면 그룹을 바꾸어 동일하게 활동을 진행한 후 소감을 나눈다.

 이렇게 응용하면 좋아요!

◐ 기타 진행 Tip

1. '파리채 퀴즈'를 진행하기 위해서는 교사가 먼저 칠판에 주요 단어를 붙여 놓아야 한다. 교사가 문제를 출제하면 학생 두 명이 기준선에서 교사의 시작 신호와 함께 달려가 해당하는 답을 파리채로 친다. 먼저 치는 학생이 이기는 놀이다.

2. 명함을 학급 게시판에 전시하면 환경 미화 효과와 더불어 다른 친구

초등 독서 수업

들의 꿈도 살펴보는 기회가 될 수 있다. 학년말에 명함을 편집하여 문집에 싣는 것도 좋은 방법이다.

3. '나의 연표 만들기' 활동을 진행하다 보면 친구들을 웃기려는 마음에 장난스럽게 작성하는 경우가 있다. 보다 진지하게 활동에 임할 수 있도록 독려하고 분위기를 조성하는 것이 필요하다. 작성한 연표를 책상 앞에 붙여 놓고 매일 되새기며 노력하면 정말로 그 연표와 같은 삶을 살 수 있을 것이라고 격려해 준다.

4. 롤모델 소개 박람회 수업을 진행하기 1~2주 전에 미리 사전 과제로 준비해 오도록 안내한다. 시간이 충분하다면 내 꿈과 관련된 역사적 인물은 메이킹북으로 소개하고, 현재 그 분야에서 활동하고 있는 사람은 직접 인터뷰한 후 동영상을 보여 주는 것도 좋다. 롤모델 소개 활동이 모두 끝나면, 학생들의 활동책을 모아 박람회에서 소개한 롤모델에 대한 퀴즈를 풀어 보는 시간을 가져 볼 수 있다.

아이들과 활동 소감을 나눠요!

- 롤모델 소개 박람회 활동을 하면서 다양한 분야의 위인을 알 수 있어 좋았다.
- 나의 명함 만들기 활동을 통해 친구들의 다양한 꿈을 알게 되었다.
- 나의 연표를 만들면서 내가 앞으로 무엇을 해야 하는지 다짐하는 기회가 되었다.
- 꿈을 이루기 위해 어떤 노력을 했는지 한 달에 한 번씩 이야기 나누는 시간을 가지면 좋을 것 같다.

학교폭력 예방, 책과 함께해요

독서 수업 적용

독서 준비	독서	독서 후
■	■	■

독서 수업에서 요구하는 역량

비판적 창의적 사고	자료 정보 활용	의사소통	공동체 대인관계	문화 향유	자기성찰 계발
■		■	■	■	■

학교폭력 교육에서 가장 중요한 것은 '예방'이다. 학생들과 함께 『어느 날 구두에게 생긴 일』(황선미 글, 비룡소)을 읽으면서 따돌림 상황에서 가해자와 피해자, 주변 인물들이 어떻게 문제를 해결해 나가는지, 나는 이런 생황에서 어떻게 행동해야 하는지 등 다양한 측면에서 살펴볼 수 있었다. 책을 통한 학교폭력 예방교육은 당위성을 강조하는 것이 아니라

다양한 입장을 살펴봄으로써 '공감'과 '이해'를 얻어 낼 수 있다는 것이 큰 장점이다.

　다음의 프로젝트는 약 8주간에 걸쳐 진행하도록 구성하였다. '개미술래' 놀이로 따돌림당하는 상황을 경험해 보고, '점점 커지는 소문 만들기' 활동으로 소문과 뒷담화의 위험성을 함께 느껴 본다. '털실 주고받기'와 '실타래 풀기' 활동으로 문제를 해결해 나가는 기쁨을 체험하고, '등장인물 기자회견'으로 여러 사람들의 다양한 생각을 들어 본다. 따돌림당한 경험을 쪽지에 써서 '분노의 공 던지기', '회전목마 토론하기', '학교폭력 예방 문구 작성하여 복도에 전시하기', '수호천사 지원하고 학교폭력 예방 다짐하기' 등의 활동을 통해 학생들이 서로 다름을 인정하고, 아픔을 공감하며 함께 어울려 만들어 나가는 학급 구성원이 되기를 바라 본다.

 ## 어떻게 진행하나요?

☑ 준비물 : 『어느 날 구두에게 생긴 일』 책, 털실, 모형 마이크, 원고지 종이, '수호천사 지원서' 활동지 등

활동1. '개미술래' 놀이로 따돌림당하는 상황 경험해 보기

1. '개미술래' 놀이는 모두 의자를 갖고 둥글게 앉고 (의자는 앉아 있는 사람들보다 하나 더 많게 배치) 술래가 빈자리를 찾아 들어가려고 하면 앉아 있는 친구들이 이리저리 옮겨 다니면서 앉지 못하게 막는 놀이다.
2. 둥글게 앉아 개미술래 놀이를 해 본다. 술래를 바꿔 가며 여러 번 진행한다.

3. 술래는 놀이를 하면서 어떤 느낌이 들었는지 이야기해 본다.

4. 앉아 있는 친구들은 술래가 앉지 못하게 자리를 막으면서 어떤 생각이 들었는지 이야기해 본다.

활동2. 점점 커지는 소문 만들기

1. 책 31쪽의 "주경이가 명인이의 구두를 던졌대."라는 문장으로 시작하여 모둠원이 일렬로 서서 한 문장씩 추가한다.

2. 마지막 친구가 전해들은 말을 바탕으로 '소문과 뒷담화의 위험성'에 대해 함께 이야기를 나눈다.

활동3. 털실 뭉치 주고받기로 묻고 답하기

1. 학생들은 책을 읽으며 등장인물의 말과 행동에 대해 궁금한 점을 쪽지에 써서 제출한다.

2. 학생들은 둥글게 앉고, 교사는 질문을 뽑아 실물 화상기에 띄운다.

3. 한 친구가 털실 뭉치의 한쪽 끝을 잡고 질문을 말하며 다른 친구에게

털실 뭉치를 건넨다. 털실 뭉치를 받은 학생은 자기 생각을 말하고, 다른 친구에게 또다시 질문을 던진다. 이런 방법으로 질문 쪽지가 떨어질 때까지 활동을 진행하면 학급 구성원 모두가 실타래처럼 얽히고설킨 관계가 된다.

4. 여기서 멈추지 않고 내가 주인공이라면 이 상황을 어떻게 헤쳐 나갈 것인지 각자 방법을 제시하며 털실 뭉치를 이전 친구에게 다시 전달한다. 이때는 마지막에 털실 뭉치를 받은 친구부터 거꾸로 진행하면 된다.

5. 실타래가 얽혔다가 다시 풀리는 과정에서 느낀 점을 이야기하며 활동을 마무리한다.

활동4. 등장인물 기자회견

1. 주경, 혜수, 명인, 정아, 우영, 현수, 선생님 등 등장인물을 초대해 기자회견을 가져 본다.

2. 먼저 각각의 인물에게 물어보고 싶은 것을 작성하고, 자리에 앉아 있는 기자들이 돌아가면서 질문하도록 안내한다. 준비 시간을 충분하게 줄수록 기자회견 내용의 질이 높아진다.

활동5. 친구에게 따돌림당했던 경험을 써 보고, 분노의 공 던지기

1. 종이에 친구에게 따돌림당했던 일, 소외감을 느꼈던 일 등을 익명으로 쓰게 한다. 다 쓰면 바구니에 제출하여 교사가 대신 읽는다.

2. 읽은 후에는 다시 바구니에 담아 종이를 공처럼 뭉쳐 두 팀으로 나누어 '분노의 공 던지기' 놀이를 진행한다. 선으로 교실을 나누고 서로의 공간으로 더 많은 종이공을 보내는 것이 목표이다.

3. 놀이가 끝난 후 교사는 다음과 같은 질문을 할 수 있다.

- 어느 곳에 분노의 공이 더 많이 쌓였나요?
- 상대방의 영역에 분노가 더 많아진 것을 보며 어떤 생각이 드나요?
- 분노가 생겼을 때 어떻게 해결하는 것이 가장 좋은 방법일까요?
- 분노의 종이를 잘게 찢어서 분노를 하늘로 날려 봅시다.

활동6. 회전목마 토론하기

1. 책 속의 문제 상황에서 나라면 어떻게 행동할지 '회전목마 토론'을 진행해 본다.

2. 의자를 2인이 마주보도록 원형으로 배치한다.

3. 일대일로 만나서 안쪽 사람이 먼저 자신의 의견을 말한다(1분).

초등 독서 수업

4. 바깥쪽에 앉은 사람은 궁금한 점을 기록해 두었다가 질문하고 답변을 듣는다(1분).

5. 역할을 바꾸어 똑같은 방법으로 진행한다(2분).

6. 교사가 종을 치면 안쪽 사람들이 시계 방향으로 한 칸씩 이동하여 활동을 지속한다.

> 논제1. 내가 주경이라면 구두를 창밖으로 던지라는 혜수의 말에 어떻게 하였을까요?
> 논제2. 혜수같이 행동하는 친구가 따돌림을 멈추게 하려면 어떻게 해야 할까요?

활동7. 학교폭력 예방 마포대교 문구 작성하기

1. 자살을 방지하는 문구를 수놓아 '생명의 다리'로 불리는 마포대교의 여러 문구를 학생들에게 소개한다.

2. 우리 교실 속에서 혹시라도 여러 가지 일로 힘들어 하는 친구들을 위해 생명을 살리는 문구를 작성해 본다. 원고지 형태의 종이에 20글자 이내로 응원과 격려의 말을 적어 복도에 전시한다.

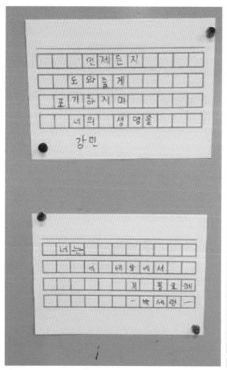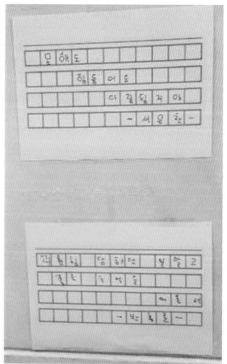

활동8. 우리 반 수호천사 뽑기와 학교폭력 예방 다짐 서약식

1. 책에서 내가 도와주고 싶은 친구의 이름과 도와주고 싶은 이유를 쓴다. 그리고 어떻게 도와줄 수 있을지 방법도 써 본다.

2. 이를 바탕으로 우리 반에서도 주경이와 같이 따돌림을 당해 힘들어하는 친구가 있을 때, 또는 함께 놀이할 친구가 없어서 혼자서 배회하고 있는 친구가 있을 때 손 내밀어 주고 함께해 줄 수 있는 우리 반 '수호천사'를 뽑는 활동을 진행한다.

3. 지원서를 제출한 학생들의 발표를 듣고, 정말 잘할 수 있는 친구들을 투표로 선정한다.

4. 선정된 남녀 수호천사 친구들은 매일 '수호천사 일지'를 작성하여 어

떤 활동을 하였는지 기록하고, 학급회의 때 평화로운 학급을 만들기 위한 실천 내용을 발표한다.

5. 마지막으로 학급 전체 구성원이 학교폭력 예방교육을 받으며 느꼈던 점, 앞으로의 각오와 다짐 등을 공유하며 전체 활동을 마무리한다.

 이렇게 응용하면 좋아요!

◑ 기타 진행 Tip

1. 개미술래 놀이로 따돌림 상황을 경험해 보는 활동이 단순히 재미로만 끝나지 않도록, 꼭 놀이에 대해 이야기 나누는 시간을 갖는다. 술래가 되었을 때의 느낌을 공감하기 위해서는 여러 친구가 돌아가며 술래를 해 보는 것이 좋다.

2. '점점 커지는 소문 만들기' 활동을 한 후 뒷담화의 정의와 파급력 등에 관련된 자료와 영상으로 보충하여 지도하면 더 좋다.

3. '털실 뭉치 주고받기로 묻고 답하기'에서 처음 질문을 던졌던 친구에게로 털실 뭉치가 다시 되돌아왔을 때 학생들은 문제를 하나하나 차분하게 해결해 나가면 아무리 어려운 문제도 극복할 수 있다는 자신감을 얻게 된다. 활동의 의미를 되새길 수 있도록 교사가 보충 발언을 해 준다.

4. '등장인물 기자회견' 활동을 하기 전에 책 속에 나오는 주요 인물의 인물관계도를 그려 보는 활동을 추가할 수 있다. 학생들이 잘 알고 있는 이야기 속 인물관계도 또는 드라마 홈페이지에 나와 있는 인물관계도 예시를 보여 주고, 인물의 이름과 성격, 인물 간의 관계 등을 표시하도록 하면 인물의 특징 파악에 도움이 된다.

5. '친구에게 따돌림당했던 경험을 써 보고, 분노의 공 던지기'에서 교사가 쪽지를 읽어 줄 때, 너무 민감하거나 어떤 친구를 특정하는 경우는 제외한다. 학급 친구가 속상할 수 있는 상황을 서로 공감하는 데 초점을 맞추어 활동을 진행한다.

6. '회전목마 토론하기'에서 논제는 학생들의 의견을 받아 선정하면 더 좋다. 토론하고 싶은 논제를 미리 모아서 가장 많이 나온 것을 중심으로 토론을 진행해 볼 수 있다.

7. '학교폭력 예방 마포대교 문구 작성하기'를 우리 학급만 진행할 것이 아니라, 학교의 곳곳에 전시하여 전교생 학교폭력 예방 캠페인 활동으로 확장시킬 수 있다.

8. '우리 반 수호천사 뽑기와 학교폭력 예방 다짐 서약식'은 학급자치회 및 1인 1역을 구성할 때 함께 진행한다.

● **적용할 수 있는 추천 도서 및 활용 예**

1. ONE(Kathryn Otoshi 글그림, 문진미디어)

2. 달라도 친구(허은미 글, 웅진주니어)

3. 내 탓이 아니야(레이프 크리스티안손 글, 고래이야기)

4. 내가 이상해?(에린 프랭클 글, 키움)

5. 난 터프해!(에린 프랭클 글, 키움)

6. 내가 어떻게!(에린 프랭클 글, 키움)

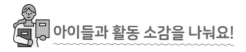 **아이들과 활동 소감을 나눠요!**

- 개미술래 놀이에서 술래가 되었을 때 처음에는 재미있었지만, 나중에는 빈자리에 앉고 싶은데 친구들이 자꾸 자리를 막으니 화가 났다.
- 마지막에 털실 뭉치가 다 풀렸을 때 너무나 기뻤다.
- 회전목마 토론을 하면서 친구들의 다양한 생각을 들을 수 있어서 좋았다.
- 분노의 종이공 던지기를 하면서 분노를 다른 사람한테 푸는 것이 상대방에게 또 다른 분노를 쌓이게 할 수 있다는 것을 알게 되었다.
- 요즘에 친구들과의 관계로 힘들었는데, 복도에 전시된 학교폭력 예방 문구를 보면서 힘을 얻고 있다.
- 여러 가지 학교폭력 상황을 생각해서 역할극을 해 보면 좋을 것 같다.
- 학교폭력 예방 포스터를 만드는 활동도 해 보고 싶다.
- 점심시간에 학교폭력 예방 캠페인을 진행했으면 좋겠다.

대기실을
활용해 보아요

독서 수업 적용

독서 준비	독서	독서 후
	■	■

독서 수업에서 요구하는 역량

비판적 창의적 사고	자료 정보 활용	의사소통	공동체 대인관계	문화 향유	자기성찰 계발
	■	■	■		

Zoom에서 '대기실 사용'을 미리 설정해 두면 학생들이 Zoom에 접속해서 바로 수업으로 입장하는 것이 아니라 교사의 승인을 기다리게 된다. 대기실을 사용하면 교사가 참가자의 신원을 확인할 수 있고, 수업을 동시에 시작할 수 있다. 원격 수업을 진행하는 중에도 참가자를 대기실로 보냈다가 다시 들어오게 할 수 있다. 마치 학생을 교실 밖 복도에 잠깐

내보내는 것과 같은 기능이다. Zoom의 '대기실'을 활용하여 독서 수업에 적용할 수 있다.

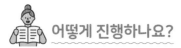 **어떻게 진행하나요?**

☑ 준비물 : 『납작이가 된 스탠리』책, 활동지, 공책, 필기도구, 퀴즈 문제 등

활동1. 릴레이 그림 그리기로 책의 장면 표현하고 맞히기

1. 『납작이가 된 스탠리』(제프 브라운 글, 시공주니어) 책을 읽으면서 기억에 남는 장면에 대해 이야기를 나눈다.

2. 플래시 툴로 '도전자' 친구를 한 명 뽑는다. 교사는 도전자를 30초 동안 대기실로 보낸다.

3. 그사이에 교사는 학생들에게 어떤 장면을 그림으로 표현할지 알려 준다. 학생들은 그 장면을 그림으로 어떻게 표현할지 생각해 본다.

4. 교사는 대기실을 해제하고 도전자를 다시 수업에 들어오게 한다.

5. 그림을 그릴 4명의 친구를 뽑는다.

6. 교사는 화면 공유 후 화이트보드를 공유한다.

7. 첫 번째 친구가 공유 화면에 주석 기능을 사용하여 책의 장면을 그린다(10초 제한). 두 번째 친구가 이어서 표현한다. 세 번째, 네 번째 친구가 이어서 표현한 후 도전자는 어떤 장면을 표현한 것인지 맞힌다.

8. 함께 답을 확인하고 그 장면에 대해 이야기를 나눈다.

9. 활동 소감을 나눈다.

활동2. 학급 전체 학생이 몸짓으로 표현하기

1. 『납작이가 된 스탠리』 책을 읽으면서 기억에 남는 장면에 대해 이야기
   를 나눈다.

2. 주요 장면을 PPT로 학생들과 함께 공유한다.

3. 플래시 툴로 도전자 친구를 한 명 뽑는다. 교사는 도전자를 30초 동안
   대기실로 보낸다.

4. 그사이에 교사는 학생들에게 어떤 장면을 몸짓으로 표현할지 알려 준
   다. 이때 절대로 소리를 내지 않고 몸짓으로만 표현하도록 약속한다
   (동작은 너무 빠르지 않게 천천히 하도록 지도한다).

몸짓으로 친구에게 텔레파시를 보내라!

- 엽기토끼로 뽑힌 술래는 잠깐 대기실로!

- 다른 친구들은 선생님이 제시하는 장면을 몸짓으로만 표현합니다.
  (천천히, 느리게) --- 모두 음소거!

  (친구들의 동작을 보고 어떤 장면인지 맞혀 봅니다.
   : 말할 기회는 단 1번)

  하수구에서 찾은 반지 / 예전 모습으로 돌아갈 수 있다면 / 캘리포니아로 떠나는 여행
  미술관에서 도둑잡기 / 동생의 연이 되어 / 놀림으로 슬픈 스탠리
  돌돌 말려 산책하기 / 납작이가 된 스탠리

5. 교사는 대기실을 해제하고 도전자를 다시 수업에 들어오게 한다.

6. 모든 학생들은 나타내고자 하는 장면을 몸짓으로 표현하고, 도전자는 어떤 장면인지 답을 외친다.

7. 함께 답을 확인하고 그 장면에 대해 이야기를 나눈다.

8. 활동 소감을 나눈다.

활동3. 모둠별로 텔레폰 퀴즈 진행하기

1. '텔레폰 퀴즈'는 한 학생이 교실 밖에 나가 있는 동안 나머지 학생들이 학습을 먼저 진행하고, 다시 들어온 학생에게 학습한 내용을 가르친 후에 퀴즈를 통해 보상하는 방식으로, 모둠별로 진행되는 수업이다.

2. 각 모둠에서 '1번 친구'를 오늘의 도전자로 정하고 대기실로 보낸다. 대기실에 가 있는 동안 학습 공백이 생기지 않도록 『납작이가 된 스탠리』 책에 나오는 어려운 낱말을 정리해 놓은 활동지를 풀 수 있도록 한다.

3. 교사는 남아 있는 학생들에게 오늘 수업 시간에 주로 다룰 주제와 중

요한 내용을 간략하게 설명한다.

4. 소회의실을 만들어 모둠별로 학생들을 배정한다. 모둠원끼리 활동지에 있는 문제를 함께 해결하며 '1번 학생'에게 어떻게 잘 설명해 줄 수 있는지 고민한다.

5. 낱말 학습지도 인터넷을 통해 찾아 나가며 함께 채우도록 한다. 모둠원 개개인의 활동지를 다르게 만들어 나누어 주면 더욱 책임감을 가지고 참여할 수 있다.

6. 10분이 지난 후 교사는 대기실에 있는 '1번 학생'을 모둠별 소회의실로 들어가게 한다. 10분 동안 한 명씩 돌아가며 오늘 배운 내용을 '1번 학생'에게 2분씩 설명한다. 각자의 설명이 끝나면 '1번 학생'은 모둠원과 자유롭게 질문과 답변을 주고받으며 공부한다.

7. 교사는 소회의실 활동을 종료한다. 모두 한자리에 모이면 각 모둠의 1번 학생만 종합 퀴즈에 참여한다. 화면에 공유된 PPT의 문제를 보고 1번 학생들만 채팅창에 답을 입력한다. 이때 채팅창은 '호스트만'으로 설정하여 비공개로 설정해 놓는다.

8. 모둠별로 칭찬과 보상을 한다. 모든 활동이 끝난 후 좋았던 점, 아쉬웠던 점 등을 이야기 나눈다.

| (1) | (2) | (3) | (4) |
| (5) | (6) | (7) | (8) |

일이 일어난 순서 : ( )→( )→( )→( )→( )→( )→( )→( )

1. 맞춤법 문제입니다. 다음 중 옳지 않은
   것은?

   ① 납작이 　② 꽂아

   ③ 각별히 　④ 깨울께요

2. 책에서 납작이가 된 스탠리는 할 수 있는 것이 많았습
   니다. 다음 중 스탠리가 할 수 있는 일이 아닌 것은?

   ① 연이 되어 하늘을 자유롭게 날 수 있다.

   ② 몸이 민첩하여 반으로 접었다 펼 수 있다.

   ③ 방문이 닫혀 있어도 마음대로 빠져나갈 수 있다.

   ④ 몸이 가벼워 바람을 타고 빨리 달릴 수 있다.

5장
스마트 미디어 기반
독서 수업

인류의 오랜 역사 속에서도 21세기는 복잡하고 급변하는 시대라 할 수 있다. 이러한 변화의 이면에는 과학기술의 발전이 있다. 흔히 '산업사회'로 명명되는 20세기와 달리 21세기는 '지식정보화 시대', '테크놀로지 시대', '디지털 시대'로 불린다. 21세기는 디지털 환경에 힘입어 정보의 생산과 소비가 모두 폭발적으로 증가하고 있다. '지식 반감기(half-life of knowledge, 어떤 지식 획득 후 그 지식의 절반이 새로운 지식으로 대체되거나 사실이 아님이 밝혀지는 데 걸리는 시간)'를 적용해 보면, 최근 심리학 분야의 지식 반감기는 약 5년, 컴퓨터 전문가의 지식 반감기는 약 2.8년에 불과하다고 한다. 세상의 지식 정보에도 일종의 유효기간이 있으며, 과거의 지식이 신지식으로 대체되는 속도가 갈수록 빨라지고 있는 셈이다. 가히 지식의 폭발, 지식 쇼크라 할 만하다. 특히 최근에는 클라우드 컴퓨팅과 SNS 같은 스마트 환경에서, 형식이 다양하고 유통 속도가 빠르며 기존의 방식으로는 관리 분석이 어려운 '빅데이터'가 시대를 규정하는

초등 독서 수업

중요한 개념으로 주목받고 있다.

　디지털 기술이 보편화되면서 우리의 삶도 빠르게 변화하고 있다. 컴퓨터, 인터넷, 이메일과 스마트폰은 이미 많은 이들의 삶의 일부가 되었다. 우리나라는 전 세계에서도 디지털 기술의 보급이 빠른 나라이다. 세계 1위의 초고속 인터넷 보급률이나 전체 국민 수를 넘어선 휴대전화의 보급 대수, 청소년의 97% 이상이 컴퓨터를 사용한다는 일련의 통계치는 우리의 현실을 잘 보여 준다.

　스마트폰이나 태블릿 PC 같은 전자 기기의 소유나 사용 수준, 새 기기의 구입 속도가 개인의 성향을 설명하는 중요한 코드가 되었다. 나아가 전자 기기에 대한 지식의 양과 사용 능력은 세대를 구별하는 기준이 되기도 한다. 일례로, 태어나는 순간부터 디지털 환경을 접해서 디지털 친화적인 문화 속에서 성장한 이들을 가리켜 'born digital'이나 '넷세대(Net Generation)'라 한다. 모국어를 말하듯이 디지털 언어나 기기를 자유롭고 능숙하게 사용하는 새로운 세대를 지칭하는 '디지털 원어민(digital native)'도 이들을 지칭하는 또 다른 용어이다. 반면 아날로그 시대에 태어나 후천적으로 디지털 환경에 적응하기 위해 고군분투하는 기성세대는 이와 대비해 '디지털 이민자(digital immigrant)'로 구분하기도 한다.

　디지털 사회로의 변화는 삶의 방식은 물론 특정 행위에 대한 인식에도 큰 영향을 주었다. 독서 또한 디지털 시대로의 변화에 영향을 받고 새로운 전환기를 맞고 있는 인간의 행위 중 하나다. 현재 독서교육을 담당하는 주체의 인식 속에는 '불편함'과 '불안함'이 존재한다. '책을 읽는다'는 의미의 독서는 근본적으로 매우 고전적인 용어이다. 독서가 당위(當爲)

였던 시대가 있었다. 그러나 디지털 시대에는 차분히 앉아 며칠이고 한 권의 책을 읽는 독자의 모습이 어찌 보면 시대착오적으로 느껴진다. 이런 이유로 밀레니엄을 준비하던 20세기 후반부터 책의 종말에 대한 논의가 많았다. 종이책은 구시대의 유물이 될 것이라는 우려와 함께 사회가 발전하면서 오히려 종이의 사용량은 더 늘고 있다는 반박도 있었다.

중요한 점은 혁신이나 테크놀로지, 빠른 변화와 창의성으로 압축되는 디지털 시대와 독서가 무언가 어울리지 않는 조합이라는 것이었다. 더구나 '시대와 불화하는 독서'를 디지털 원주민에게 권하고 가르쳐야 하는 교사들의 고민은 더욱 깊다.

우리 학생들은 과거의 청소년과는 다르며, 독자로서도 신인류이다. 또한 교사 – 학생, 교사 – 학부모의 관계도 빠르게 재편되어 왔다. 교수·학습의 자료와 학교 환경, 학교를 둘러싼 가정과 사회의 독서 환경도 변화하고 있다. 어찌 보면 디지털 시대는 기존의 인쇄 문화 시대에 독서가 전 사회적으로 보장받던 특권을 상당 부분 내려놓아야 하는 시기라고도 할 수 있다. 세상에 책보다 재미있는 것이 더 많은 아이들, 독서를 더 이상 당위적 가치로 받아들이지 않는 사회 분위기는 독서교육자들을 다분히 불편하게 한다.

스마트 미디어란

스마트 미디어라는 말이 널리 쓰이고 있다. 그럼에도 불구하고 스마트 미디어라는 용어가 명확하게 규정되어 있지 않은 것 같다. 그 이유가 무엇인지 명쾌하게 설명할 수는 없지만, 스마트 미디어의 진화 속도가 엄청나게 빠른 것이 주요한 이유 중의 하나임에 틀림없다. 스마트 미디어의 인터페이스 환경이 계속해서 바뀌고, 새로운 기능이 계속 추가되어 그 진화 속도를 따라가기 벅찰 정도라는 것은 현실에서 충분히 실감하고 있다. 이런 까닭에 '스마트하다'는 것이 무엇을 의미하는지 명확하게 규정하기 어렵다. 스마트(smart)는 '똑똑하다'는 뜻으로 번역되는데, 똑똑하다는 의미는 기존의 여러 논의를 종합하면 다음의 세 가지로 정리된다.

첫째, 스마트하다는 것은 미디어가 융합적이라는 뜻이다.

예전의 미디어는 전화나 무전기가 통신 기능을 갖고, 라디오나 TV는 방송 청취 기능을 갖는 것처럼 하나의 기능을 담당하는 기기(디바이스)였다. 하지만 스마트 미디어에 오면 방송과 통신이 융합하고, 여기에 그 외 다양한 기능을 통합해 나간다. 스마트폰(모바일 디바이스)을 통해서 우리는 다른 사람들과 소통하고, 방송을 청취하며, 정보를 검색하고, 사진을 찍어 기록을 남긴다. 이러한 통합은 스마트폰에서만 일어나는 것이 아니다. 많은 기기가 여러 기능을 함께 갖는 방향으로 진화하고 있다. 요즘의 텔레비전은 방송 청취 기능에 더해서 외부 기기와 연결하여 영화 감상을 가능케 하고, 인터넷 기능을 추가하여 복합적인 매체로 변신을 꾀하고 있다. 5G가 일반화되면 모든 디바이스가 하나로 연결되는 사물인터넷 시대가 도래한다고 한다. 미디어는 더 많은 기능을 융합해 나갈 것이며, 그에 따라 우리 삶도 더욱 스마트해질 것이다.

둘째, 스마트하다는 것은 유연하다는 것을 의미한다.

사실 인터넷 환경에서도 어느 정도 융합적이었기 때문에 스마트하다는 것을 융합적이라는 하나의 특성으로만 설명하기 어렵다. 스마트 미디어는 디바이스들이 구동되는 플랫폼이 개방되어 있으며, 다양한 사회적 연결이 이루어지는 네트워크와도 연동되어 있다. 그래서 누구나 참여할 수 있는 개방적인 여건이 주어져 있다. 즉, 유연한 구조로 되어 있다. 누구나 동영상을 만들어 유튜브에 올릴 수 있으며, '좋아요' 혹은 '싫어요' 와 같은 반응은 물론이고 자신의 의견을 자유롭게 개진할 수 있다.

셋째, 스마트하다는 것은 지능형 서비스가 제공된다는 점을 의미한다.

현재 스마트 미디어 생태계에는 가공되었거나 가공되지 않은 방대한 양의 정보들이 쌓이고 유통되고 있다. 이러한 정보를 기반으로 사용자에게 최적화된 서비스를 제공한다. 사용자의 모든 이동 경로, 구매 목록, 식사한 장소와 일정, 사회적 네트워크에서 구독하고 반응한 것 등이 모두 데이터로 전환되기 때문이다. 이렇게 쌓인 빅데이터를 이용하여 사용자의 구매 및 생활 패턴, 정치적 성향 등을 분석해 내고, 사용자에게 가장 적절한 검색 결과를 제공하는 것이 소셜 검색의 기술적 특성이다. 스마트 미디어는 사용자의 상황과 미디어 소비 패턴 등 사용자 관련 지식을 이용하여 자동적으로 사용자의 의도에 최적화된 서비스를 제공하는 방향으로 진화하고 있다.

이러한 스마트 미디어가 우리의 삶을 어떻게 변화시키고, 독서 현상에 어떤 영향을 미치며, 독서교육에서 어떻게 활용될 수 있는지 알아보자.

스마트 미디어 기반 독서교육

이 장에서는 독서교육 활동을 보다 효과적이고 색다르게 접근하기 위한 방법으로 스마트교육(방법)을 제안하고자 한다. 그리고 독서교육 활동에서 동기유발과 흥미를 끌어올리기 위한 팁, 독후 활동을 공유하기 위한 방법, 독서퀴즈를 실시간 응답받을 수 있는 애플리케이션의 활용, 독서경험을 다른 사람에게 전해 주기 위한 2차적 저작물 제작 등에 대한 스마트 기기 활용 방법을 소개하고자 한다.

스마트교육은 21세기 지식기반사회에서 요구되는 새로운 교육 방법, 교육과정, 평가 등 교육 체제 전반의 변화를 이끌기 위한 지능형 맞춤 교수·학습 지원 체제로서, 최상의 통신 환경을 기반으로 인간을 중심으로 한 소셜 러닝(social learning)과 맞춤형 러닝(adaptive learnig)을 접목한 학습 형태이다. 여기서 SMART는 자기주도적(self-directed) 학습 방법, 흥미로운(motivated) 학습 방법, 수준과 적성에 맞는(adaptive) 학습 방법, 풍부한 자료(resource enriched)를 가진 학습 방법, 정보통신 기술을 활용하는(technology embedded) 학습 방법의 합성어이다.

그런데 정보통신 기술의 활용이라는 측면과 '스마트'라는 어휘로 인해 스마트교육에 대한 오해가 불거지고 있다. 스마트교육을 위해 스마트폰 같은 기기가 반드시 필요할 것이라는 오해이다. 스마트 기기를 활용하면 보다 다양한 학습 활동이 가능하고, 시공간의 제약을 덜 받을 수 있겠지만, 스마트 기기가 아닌 일반 PC나 오프라인 도구로도 수업 목표 도달이 가능하다면 스마트 기기의 활용은 크게 중요하지 않다. 스마트 기기를 활용하기 위한 수업이 아닌, 학습목표 도달을 위해 적절한 도구를 융통성 있게 활용하는 것이 중요하다고 할 수 있다.

스마트교육은 완전히 새로운 교육이 아닌, 학습자 중심의 교육으로 변화를 이끄는 교육 패러다임이자 교육 방법의 한 형태라 할 수 있다. 그렇기 때문에 일반 교과 교육뿐 아니라 독서교육에도 적용이 가능할 것이라 생각하고, 이 장에서는 흥미롭고 자기주도적인 독서교육이 이루어질 수 있도록 스마트교육을 세 가지 활동 영역에 적용해 보고자 한다.

동기유발과 흥미 끌어올리기(증강현실을 이용한 스마트 팝업북과 홀로그램)

우리가 알고 있는 팝업북은 책을 펼치면 평평한 지면에서 그림이나 글자가 입체로 튀어나오는 책이다. 하지만 스마트폰이나 태블릿 PC의 증강현실 애플리케이션을 이용하면 자신이 원하는 곳에서 원하는 영상이나 이미지가 나타나게 할 수 있다. 그중에서 Quiver를 활용한 증강현실로 작품 감상하기와 등장인물을 홀로그램으로 나타내는 방법을 소개, 활용하고자 한다.

독후 활동 공유하기(Padlet, Mindmeister, 스톱모션)

독서교육에서 독후 활동이 중요한 것은 두말 하면 잔소리다. 특히 각자의 독서 경험을 공유하면서 생각의 깊이를 더해 간다면 독서 효과는 배가 될 것이다. 독후 활동을 공유하기 위한 도구로 Padlet, Mindmeister, 스톱모션을 소개한다. 디지털 매체를 사용하면 더욱 공유하기 쉽고, 서로의 의견을 나누기 쉽다는 점을 활용하여 독후 활동에 최적의 방법을 소개하고자 한다.

초등 독서 수업

2차 저작물 제작(음성녹음으로 오디오북 만들기, 텍스트 마이닝하기)

독서교육은 궁극적으로 독서의 즐거움을 알고, 독서를 통해 앎과 깨달음을 얻고자 하는 데 목적이 있다. 그렇기 때문에 개인적인 독서에 그치지 말고, 글을 읽을 수 없는 이들을 위해 독서의 즐거움을 전해 줄 필요가 있다. 그러한 취지에서 학생들이 하나의 책을 부분으로 나누어 읽고 녹음하여 오디오북으로 2차 저작물을 만든다면, 타인을 생각해 보는 배려심도 기를 수 있어 인성교육의 효과도 얻을 수 있을 것이다.

또 텍스트 데이터의 단어 밀도나 핵심 단어를 시각적으로 돋보이게 해 주는 텍스트 마이닝을 이용하여 독서 수업에서 인상 깊은 문구나 내용을 분석하고 이미지로 시각화할 수 있는 웹 기반의 수업을 소개한다.

스마트교육은 용어가 주는 어감 때문에 스마트 기기에 의한 수업이며, 교육 현장 내부의 요구보다 스마트 기기 생산업체가 주도하는 거대 자본이 필요한 수업이라는 오해를 받아 왔다. 스마트교육이 더 큰 효과를 거두기 위해선 스마트 기기가 필요조건이기는 하지만 충분조건은 아니며, 스마트교육은 고정된 형태라기보다 방향성을 지닌 하나의 교육 방법적인 측면에서 이해해야 하는 패러다임이라고 할 수 있다.

그러므로 일반 교과 교육뿐 아니라 독서교육에서도 충분히 적용 가능하다. 2012년부터 초등과 중등에서 각 교과에 대한 스마트교육 수업 모델을 개발하고 있는 바, 독서교육에서도 충분히 스마트교육 수업 모델을 개발할 수 있을 것이다.

여기서는 좀 더 쉬운 이해를 돕기 위해 활동 순서에 따라 설명 아래 차례로 사진을 첨부하였다. 설명에 따른 사진을 함께 참고하면 수업에 좀 더 쉽게 활용할 수 있다.

인터넷 담벼락으로
손쉽게 생각 모으기

독서 수업 적용

독서 준비	독서	독서 후
		■

독서 수업에서 요구하는 역량

비판적 창의적 사고	자료 정보 활용	의사소통	공동체 대인관계	문화 향유	자기성찰 계발
	■	■			

다양한 학생들의 의견을 동시에 실시간으로 묻고 공유하고 싶을 때 활용할 수 있는 디지털 도구인 패들렛을 활용한 수업이다. 패들렛에서는 글뿐만 아니라 동영상이나 그림, 파일 등의 첨부가 가능하며, 학급 학생들의 의견을 쉽게 모으고 공유할 수 있다. 회원 가입 없이 사용할 수 있으며, PC나 스마트폰, 태블릿 PC 등에서 모두 사용이 가능한 것도 장점이다.

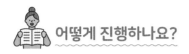
☑ 준비물 : 컴퓨터 또는 태블릿 PC, 독서 수업 책

1. 교사는 수업 전에 패들렛 홈페이지(https://ko.padlet.com/)에 접속하여 기본 템플릿을 선택하고 설정을 완료해 둔다. 초보 사용자도 5분 정도면 모든 설정을 마칠 수 있을 정도로 절차가 간단하다. 학생들은 별도의 회원 가입 없이 교사가 알려 주는 링크 주소로 바로 접속하고 작성할 수 있다.

① 먼저 템플릿을 선택한다. 이번 수업에서는 벽돌 형식의 레이아웃인 '담벼락' 형식을 선택해 본다.

② '제목'은 단순히 책 제목만 쓰기보다는 활동명을 구체적으로 쓰는 것이 좋다. '설명'에는 소속이나 부연 설명을 적을 수 있으며 생략해도 상관없다.

③ 패들렛에서는 단색, 그라디언트, 질감 및 패턴, 그림 등 다양한 종류의 배경화면을 선택할 수 있다. 'Add your own wallpaper'를 클릭하면 원하는 배경을 추가할 수 있는 기능도 지원한다.

④ 'padlet.com/작성자 아이디/상세주소'로 자동 링크가 생성된다. 이때

학생들에게 알려 주기 쉽게 상세 주소 부분을 간단하게 바꿀 수 있다.

2. 본격적인 독서 수업에 들어가기에 앞서 패들렛 기능을 익힐 수 있
는 준비 활동이 필요하다. 이에 '책에 나오는 등장인물 쓰기'와 같은
Quick Question을 던지고 간단하게 답을 올려 보게 한다. 여기서는
문제에 대한 답보다는 학생들이 패들렛 자체에 익숙해지는 것을 일차
적 목표로 둔다.

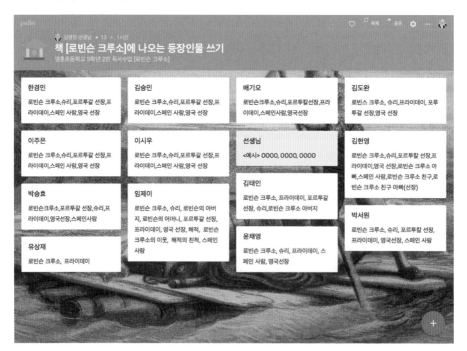

초등 독서 수업

3. 간단한 질의응답으로 학생들이 패들렛에 익숙해졌다면, 이번에는 사고를 자극할 수 있는 개방적 질문을 던지고 답을 올려 보게 한다. 아래의 수업에서는 '책 주인공처럼 내가 무인도에 가게 된다면 가져갈 3가지와 그 이유'를 물어보았다. 학생들의 답변은 입력하는 즉시 실시간으로 교사의 화면에 보인다. 때문에 학생들이 작성하는 내용에 대해 바로 피드백과 도움을 제공할 수 있다.

4. 마지막으로 학생 스스로 책을 다시 읽으며 질문을 생성하고, 그 질문을 실시간으로 공유한다. '퀴즈 만들기' 활동을 할 때 쪽수를 함께 표기하도록 하면 자연스럽게 책을 여러 번 살펴보게 되어 수업 집중력을 높일 수 있다. 아울러 다음 시간에 학생들이 낸 퀴즈를 수업에 바로 활용하면 높은 동기유발과 적극적인 수업 참여를 이끌어 낼 수 있다.

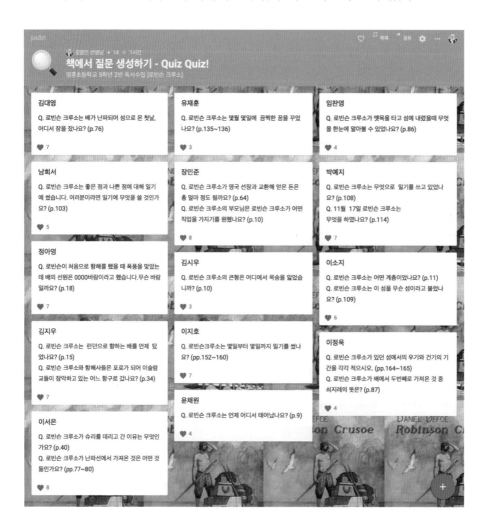

 **이렇게 응용하면 좋아요!**

1. 'Add your own wallpaper' 기능을 활용하여 책의 특정 장면을 배경으로 설정하고, 그 장면과 관련된 감상이나 질문을 주고받을 수 있다. 배경 자체를 수업 활동과 긴밀하게 연결할 수 있는 기능이다.

2. '반응' 기능을 활용하면 친구들이 올린 내용에 공감이나 별점, 투표 등을 할 수 있다. 학습목표나 수업 상황에 따라 적절하게 활용하되 학생들이 올바르게 사용할 수 있도록 사전 지도가 필요하다.

3. 패들렛은 '콘텐츠 필터링'을 지원한다. '승인 필요'를 활성화하면 글을 게시하기 전에 교사의 사전 승인을 받게 된다. 학생들이 답변을 작성하기 전에 생각할 시간이 충분히 필요한 활동이거나 학급에서 학생 간 활동 시간의 차이가 많이 나는 경우, 답안을 어느 정도 제출할 때까지 서로의 의견을 보지 않는 것이 필요한 경우에 활용할 수 있는 기능이다.

4. '내보내기'를 클릭하면 수업 시간에 활동한 결과물을 이미지나 PDF, 엑셀 등으로 저장하거나 인쇄할 수 있어 과정 평가에도 손쉽게 활용할 수 있다.

콘텐츠 필터링	내보내기

콘텐츠 필터링

승인 필요
내용조정자의 승인이 필요합니다.

비속어 필터링
불량한 단어를 멋진 이모티콘으로 대체합니다.

내보내기

🖨 이미지로 저장

🖨 PDF로 저장

🖨 CSV로 저장

🗐 Excel 스프레드시트로 저장

🖨 인쇄

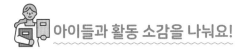

아이들과 활동 소감을 나눠요!

오늘의 활동 소감
영훈초등학교 5학년 2반 독서수업 [로빈슨 크루소]
김영인 선생님 +14 · 10분

임찬영
엄청나게 재미있었어요. 제가 책을 좋아하는 편은 아닌데 오늘 이 계기로 인해 책을 좋아하게 될 것 같아요. 친구들의 의견을 바로 볼수 있었던 것도 좋았습니다.
♥ 6

윤채원
친구들의 답과 나의 답을 동시에 살펴볼 수 있어 좋았습니다. 그리고 종이에 답을 쓰는 것 보다 이렇게 컴퓨터로 쓰는 형식이라 더 신기하였고 훨씬 재있었습니다.
♥ 6

김시우
padlet이 재미있고 좋았습니다.
♥ 4

정아영
글씨가 틀렸을 경우 바로 수정을 할 수 있어서 편리하고 좋았어요. 그리고 컴퓨터로 독서 수업을 해서 느낌이 새로웠어요.
♥ 3

이소지
독서수업 때 컴퓨터를 이용하니까 뭔가 굉장히 재밌고 신선한 느낌이 들었습니다.
♥ 4

김지우
여러 친구들의 의견들을 한번에 볼 수 있다는 부분이 굉장히 좋았습니다.
♥ 6

남희서
친구들이 실시간으로 제 글을 자세히, 집중해서 봐주고 친구들의 생각도 바로 알 수 있어서 좋았습니다.
♥ 4

김대영
온라인으로 하니까 실시간으로 친구들의 생각을 볼 수 있어서 좋았다. 종이에 쓸 때는 서로 돌아가면서 볼 때 시간이 많이 걸렸는데 온라인으로 하니까 빠르게 접속할 수 있어서 좋았다. 또 컴퓨터로 하니까 새로운 활동을 하는 느낌이여서 더 좋았고 유익했다.
♥ 8

이정욱
실시간으로 자신의 의견을 말할 수 있어서 좋았습니다.
♥ 6

이지호
친구들의 의견을 바로바로 알 수 있어서 좋았습니다. 앞으로도 계속 했으면 좋겠어요.
♥ 7

이서은
이렇게 컴퓨터로 활동을 하는게 무엇보다 재미있었고, 친구들의 반응도 실시간으로 나타나 좋았습니다. 친구들이 어떤 내용을 공감하는지에 대해서도 알 수 있었습니다.
♥ 7

장민준
로빈슨 크루소 책을 이렇게 디지털로 소통할 수 있어서 좋았어요. 또한 컴퓨터 활용 능력도 키울 수 있어서 만족스럽니다.
♥ 7

유재훈
모든 친구들의 의견을 한번에 들을 수 있어서 너무 좋고 손을 안들어도 되니 좋았습니다.
♥ 6

박예지
컴퓨터를 이용해 독서 수업을 하고 실시간으로 친구들의 의견을 볼수 있어서 좋았습니다.
♥ 5

초등 독서 수업

증강현실로
작품 감상하기

독서 수업 적용

독서 준비	독서	독서 후
		■

독서 수업에서 요구하는 역량

비판적 창의적 사고	자료 정보 활용	의사소통	공동체 대인관계	문화 향유	자기성찰 계발
■	■			■	

증강현실(Augmented Reality)이란 가상현실(Virtual Reality)의 한 형태로 실제 세계에 컴퓨터 그래픽으로 구성된 가상 세계를 결합하여 보여 줌으로써 사용자에게 혼합된 영상을 지각하게 하며, 실시간으로 사용자의 행위에 의해 가상 객체를 조작하면서 컴퓨터와 상호작용하는 컴퓨터 인터페이스 기술을 말한다(Billinghurst, Grasset&Looser, 2005). 증강현실은 물

리적으로 현존하는 세계에 중심을 둔 채 가상의 정보로 현실 세계를 확장 또는 강화하기 때문에 사용자에게 몰입도 강한 스토리텔링을 제공한다 (남양희, 2013).

따라서 이러한 증강현실을 이용한 독후 활동은 그 자체로 학생들에게 매우 매력적이고 흥미 있는 수업이 된다. 간단한 애플리케이션을 이용하면 학생들의 작품을 입체적으로 움직이게 할 수 있다. 자신들이 스케치하고 채색한 만큼 화면에 그대로 나타나므로, 학생들이 작품을 꼼꼼하게 완성하려고 더욱 열심히 활동하는 뿌듯한 광경도 볼 수 있다.

 ## 어떻게 진행하나요?

☑ 준비물 : 태블릿 PC 또는 스마트폰, 색연필, 사인펜, 독서 수업 책

1. 교사는 수업 전에 Quiver 홈페이지(http://www.quivervision.com/)에 접속하여 원하는 도안을 미리 인쇄해 둔다.
① Quiver 홈페이지 상단 메뉴에서 'Coloring Packs'를 클릭한다.
② 하나의 Pack 안에는 다양한 도안이 들어 있다. 이번 수업에서는 'Education Starter Pack'을 눌러 본다.

Education Starter Pack (QE)

QuiverVision Platonic Solids (QE)

③ 여러 도안 중 수업에 활용할 수 있는 도안을 선택한다. 이번 수업에서는 Flag 도안을 활용해 본다.

④ 해당 도안 아래 'View&Download'를 누르고 'Download Coloring Page'를 클릭하면 바로 인쇄할 수 있다.

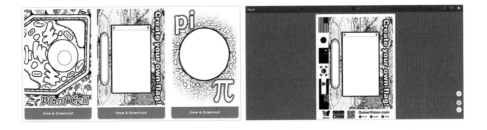

2. 수업에 사용할 태블릿 PC나 스마트폰에 Quiver 애플리케이션을 설치하고, 정상적으로 작동이 되는지 미리 확인해 둔다.

① Quiver 프로그램은 애플 iOS의 App Store와 안드로이드 Play Store에 모두 올라와 있다.

② Store에서 Quiver를 검색하여 해당 애플리케이션을 설치한다.

3. 이제 수업 시작이다. 본격적인 독후 활동에 들어가기에 앞서 주제에 대한 사고를 확장하고 아이디어를 생성할 수 있도록 관련 자료나 이야기를 제시한다. 주제와 관련된 책의 내용을 함께 상기해 보는 것도 좋다.

① 예시 수업 주제는 '로빈슨 크루소처럼 무인도에 살게 된다면 꽂을 나만의 깃발 만들기'이다. 먼저 주제와 관련된 책의 내용을 상기해 보며 세계 여러 나라의 국기 디자인을 살펴본다.

② 주제에 대한 사고를 확장하기 위해 역사적인 사건이나 관련 자료를 추가로 제시할 수 있다. 여러 나라의 국기에 담긴 의미를 심층적으로 살펴보면서 깃발을 제작할 때는 디자인뿐만 아니라 그 의미, 즉 상징성도 중요한 요소임을 확인한다.

4. 출력해 둔 활동지 도안을 배부한다. 이때 아이디어를 자유롭게 메모할 수 있는 빈 종이도 함께 배부한다.

① 도안에서 빨간색으로 표시한 공간이 나중에 AR(증강현실)로 나타날 부분이다. 깃발 아래 공간에는 자신의 이름을 써도 좋고, 작품 이름을 지어서 써도 좋다.

② 빈 종이는 마인드맵처럼 활용할 수도 있고, 활동지에 그릴 디자인을 연습하는 공간으로도 사용할 수 있다. 학생들이 자유롭게 활용할 수 있도록 허용한다.

5. 빈 종이에 구상이 끝나면 활동지에 구상한 내용을 바탕으로 그림을
   그리고 채색한다. 이때 증강현실 상황에서 그림이나 문구가 선명하게
   나오기 위해서는 뚜렷하게 채색하는 것이 좋음을 학생들에게 함께 안
   내한다.
   ① 그림의 테두리를 사인펜이나 굵은 펜으로 뚜렷하게 나타내면 좋다.
   ② 진하게 채색하면 나중에 증강현실에서도 그림이 선명하게 보인다.

6. 교사는 준비해 둔 태블릿 PC(또는 스마트폰)의 Quiver 애플리케이션
   을 연다. 수업 시작 전부터 열어 놓으면 배터리 소모가 심하므로 활동
   지가 거의 다 마무리될 무렵에 여는 것이 좋다. 해당 애플리케이션을
   켠 상태에서 태블릿 PC(또는 스마트폰)의 카메라 렌즈를 활동지에 가

져가면 깃발이 입체적으로 서 있는 증강현실 상황을 경험할 수 있다.

① Quiver 메인 화면에서 빨간 부분을 누르면 태블릿 PC(또는 스마트폰)의 카메라가 활성화된다. 이때 카메라 렌즈를 활동지에 가져가면 학생들이 그린 깃발을 입체적으로 볼 수 있다.

② 도안의 종류에 따라서 변형이 가능한 것도 있다. 이번 수업에 활용한 깃발 도안의 경우에는 바람이 부는 상황을 연출할 수 있다.

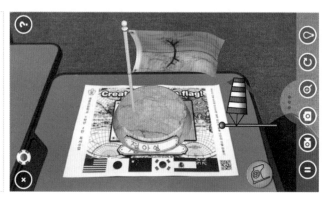

7. 마지막으로 친구들의 작품을 다 함께 감상하며 수업을 마무리한다. 작품 감상 시 태블릿 PC(또는 스마트폰) 화면을 TV 화면에 미러링 (mirroring)하면 1대의 스마트 기기로도 반 전체 학생들이 동시에 증강현실을 느낄 수 있다.

 이렇게 응용하면 좋아요!

1. Quiver에는 깃발 도안처럼 스케치부터 해 나가는 도안보다는, 밑그림은 이미 그려져 있고 컬러링만 하는 도안이 더 많다. 때문에 아침 활동으로 컬러링만 하는 학급이나 수업 이외의 자투리 시간에도 학급 운영 방식에 따라 다양하게 활용할 수 있다.

2. 컬러링만 하는 도안을 수업에 적용하는 경우에는 학습목표와 긴밀하게 연결될 수 있도록 수업을 계획한다. 예를 들면, 국어과 수업에서 컬러링한 캐릭터로 이야기 만들기를 하거나, 모둠별로 다양한 캐릭터를 완성한 뒤 이야기 이어가기 활동을 진행할 수 있다.

 아이들과 활동 소감을 나눠요!

AR이 너무
신기했고 독서
수업을 재밌게
할수있어
좋았다.
-이지호-

그림을 그리고 그것을
입체로 나타내니 정말
재미있었다 이런
AR같은걸 사용하니
지루하지도, 질리지도
않았다.
-이서른-

그림이 진짜가
되서 신기
했고 나만의
국기를 AR로
만드어서 좋았다
-김대영-

그림으로 그렸는데
깃발이 입체로 나오
는게 너무 신기했다
그리고 나만의 깃발을
만들어 보니 정말 재
미있었다
-김태인

이 프로그램을 써보아
서 재미있었다.
신기하기도 했다.
자신이 그린 그림을
실제처럼 볼수있
는 기회를 갖게되어
서 정말 좋았다.
-윤세영

그냥 종이로 보는 것
보다 훨씬 잘 보이고
더 집중하게 되는게
좋았다. 그리고 요즘에
발전하는 시대에 맞
추어 수업을 하니 더
좋은 것 같기도 하
였다. -남희서

국기에 대한 것들을
재미있게 알아볼
수 있어서 좋았다.
또, 우리시대에
맞는 수업을 하는 것
같아 좋았다
-장연준-

우리 세상이 이렇게 많
이 변했구나...이 스마
트 수업은 내가 직접
디자인을 해서 깃발
처럼 모양이 나온다는
게 흥미로웠다 스마
트 수업이 적극적으로
활용되기를 바라고
이 수업을 적극추천한
다. ☺
-김서우

인터넷으로 생각을 시각화하기

독서 수업 적용

독서 준비	독서	독서 후
■		■

독서 수업에서 요구하는 역량

비판적 창의적 사고	자료 정보 활용	의사소통	공동체 대인관계	문화 향유	자기성찰 계발
■	■	■			

마인드맵(Mind Map)이란 핵심 키워드 또는 이미지로부터 세부 키워드 또는 세부 이미지로 색깔, 기호 등을 사용하여 약도를 그려 나가듯이 정보를 정리하는 두뇌 계발의 학습 방법이다(Tony Buzan, 2006). 마인드맵을 활용하면 개별적인 개념들을 전체적으로 연결하여 핵심적인 학습 내용을 한눈에 파악할 수 있다.

MindMeister는 이러한 마인드맵을 온라인에서 구성하고 공유할 수 있는 온라인 마인드맵 도구이다. 종이로 하는 마인드맵과는 달리 수정이 쉽기 때문에 생각을 빠르게 재조직화할 수 있다. 또한 색깔이나 이미지를 추가하거나 다양한 테마를 적용하여 매력적이고 풍성한 마인드맵을 손쉽게 작성할 수 있는 것도 장점이다. 독서 수업에서 책 내용을 기반으로 생각을 실시간으로 시각화하며 조직하고 싶을 때 활용할 수 있는 웹 기반 수업이다.

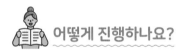 어떻게 진행하나요?

☑ 준비물 : 컴퓨터 또는 태블릿 PC, 독서 수업 책

1. 학생들은 Mindmeister 홈페이지(https://www.mindmeister.com/)에 접속하여 회원 가입을 완료한다.
① Google 계정이나 Facebook 계정이 있는 경우 연동되어 바로 로그인이 가능하다.
② 연동되는 계정이 없는 경우에는 이메일 주소를 이용하여 가입한다.

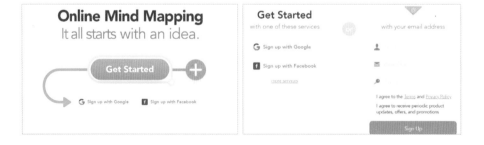

초등 독서 수업

2. 본격적인 활동에 앞서 Mindmeister 기능을 익히면서 독서 수업 책의
   내용도 훑어볼 수 있는 준비 활동이 필요하다. 여기서는 답의 정확도
   보다는 학생들이 Mindmeister 자체에 익숙해지는 것을 일차적 목표
   로 둔다.

① Mindmeister에서는 다양한 템플릿을 지원한다. 이 틀은 추후 변경도
   가능하다. 이번 수업에서는 학생들이 풍부하게 마인드맵을 구성할 수
   있도록 '자유' 템플릿을 선택해 보겠다.

② 첫 번째 활동은 해당 책을 전체적으로 다시 훑어보면서 Mindmeister
   의 기능 자체도 익힐 수 있는 준비 단계이다. 우선 새 문서를 시작하
   면 핵심 키워드 입력란이 나타난다. 책 제목을 쓴다.

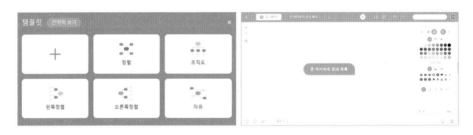

③ 제목을 입력한 뒤 키보드에 있는 Tab 키를 누르거나 Mindmeister 상
   단 메뉴에 있는 ⊕를 클릭하면, 마인드맵을 그릴 때처럼 입력할 수 있
   는 공간이 선으로 연결되어 나타난다.

④ 내용을 추가할 때 한 가지 주의할 점은, 선으로 연결되길 원하는 해당
   아이디어를 클릭한 상태에서 Tab 키나 ⊕를 눌러야 한다는 것이다. 그
   렇지 않으면 맨 마지막으로 쓴 공간에서 추가 입력란이 선으로 연결
   되어 나타난다.

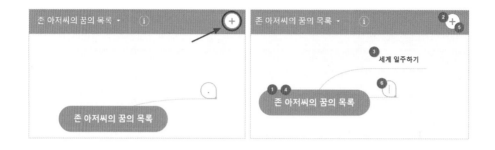

⑤ 존 아저씨가 작성한 127개의 꿈의 목록을 제목만 빠르게 훑어보면서 자신에게 인상 깊은 목록을 Mindmeister에 정리해 본다. 마인드맵처럼 한 공간에는 하나의 내용만 적는다.

⑥ Mindmeister에서는 특정 아이디어를 클릭한 상태에서 드래그하면 위치를 자유자재로 바꿀 수 있다. 자신이 적은 내용을 살펴보면서 비슷한 성격끼리 가까운 위치에 놓이도록 목록을 옮겨 본다.

⑦ Mindmeister 우측 메뉴에는 '스타일', '외곽선' 등 내용을 시각적으로 풍부하게 해 줄 수 있는 다양한 도구를 지원한다. 비슷한 성격의 아이디어들을 한눈에 알아볼 수 있게 구분해 주는 기능이다.

⑧ 우측 메뉴 중 원하는 도구를 활용하여 분류한 목록을 뚜렷하게 표시해 본다.

초등 독서 수업

⑨ Mindmeister 상단 메뉴에서 ⓘ를 누르면 '테마'를 변경할 수도 있다.

⑩ ⓘ를 클릭하여 나오는 테마들을 하나씩 눌러 보며 선택한 테마에 따라 자신의 마인드맵이 어떻게 바뀌는지 살펴본다.

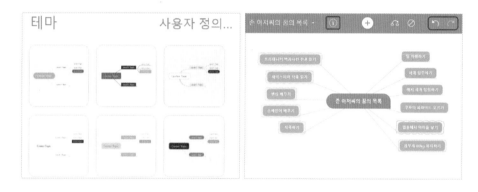

3. 준비 활동으로 학생들이 책 내용을 정리하면서 Mindmeister 기능에 자연스럽게 익숙해졌다면, 이제 자신의 생각을 시각화할 수 있는 메인 활동을 제시한다. 준비 활동으로 익힌 Mindmeister 기능보다는, 그것을 활용하여 입력하는 내용 자체가 중심이 되는 활동이다.

① 예시 수업의 메인 활동은 '나만의 꿈의 목록 만들기'이다. 맵의 중앙에 학반, 이름과 활동 주제를 함께 쓰면 맵 자체가 하나의 활동지가 된다.

② 준비 활동으로 익힌 Mindmeister 기능을 활용하여 나만의 꿈의 목록을 작성한다. 배우고 싶은 것, 가 보고 싶은 곳, 만나고 싶은 사람, 하고 싶은 일 등을 차근차근 떠올려 본다.

③ 소제목을 붙여 가며 작성해도 좋다.

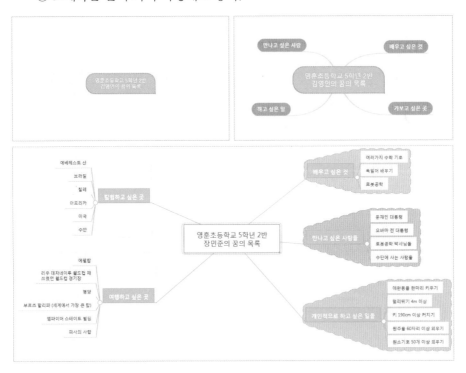

![이렇게 응용하면 좋아요!] 이렇게 응용하면 좋아요!

1. Mindmeister 부가 기능 중 공유 기능을 활용하면 온라인 마인드맵의 장점을 더욱 이끌어 낼 수 있다. 화면 하단의 Share를 누르면 다양한 공유 팝업 창이 열린다.

2. 학생들이 완성된 마인드맵을 교사 이메일로 간편하게 제출할 수 있다. 파일로 저장하여 제출하는 번거로움을 줄여 준다.

3. 친구의 이메일 주소로 맵을 보내면 친구들과 실시간으로 생각을 주고 받을 수도 있다. 협업이 필요한 수업 주제인 경우 유용하게 사용할 수 있는 기능이다.

4. 학급 학생들에게 교사의 맵을 공유하면 오늘의 활동 소감도 색다르게
   나눌 수 있다. 이 경우에는 학생들의 이메일 주소로 일일이 보내면 시
   간이 많이 걸리므로, 링크를 생성하여 학생들에게 알려 주는 것이 빠
   르다.

5. https://www.mindmeister.com/1189675810?t=1qqdgT39RB
   Mindmeister에서 자동 링크를 생성하면 위와 같이 길게 나오므로,
   https://goo.gl/과 같은 URL 단축 사이트에서 주소를 줄여서 제시하
   는 것이 좋다. URL 단축 사이트를 이용하면 위 링크를 다음과 같이 짧
   게 줄일 수 있다. → https://goo.gl/RURDTV

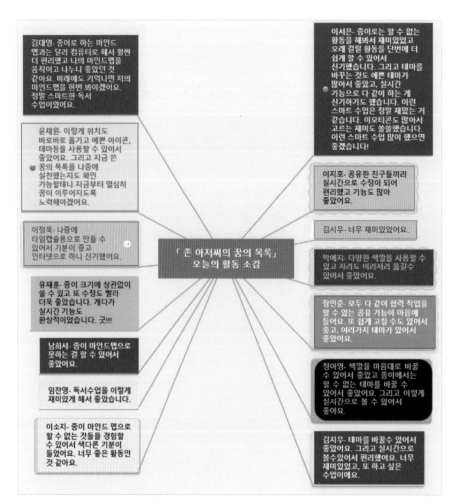

김대영- 종이로 하는 마인드 맵과는 달리 컴퓨터로 해서 훨씬 더 편리했고 나의 마인드맵을 움직이고 나누니 좋았던 것 같아요. 미래에도 기억나면 저의 마인드맵을 한번 봐야겠어요. 정말 스마트한 독서 수업이었어요.

윤채원- 이렇게 위치도 바로바로 옮기고 예쁜 아이콘, 테마등을 사용할 수 있어서 좋았어요. 그리고 지금 쓴 꿈의 목록을 나중에 실천했는지도 확인 가능할테니 지금부터 열심히 꿈이 이루어지도록 노력해야겠어요.

이정욱- 나중에 타임캡슐용으로 만들 수 있어서 기분이 좋고 인터넷으로 하니 신기했어요.

유재훈- 종이 크기에 상관없이 쓸 수 있고 또 수정도 빨라 더욱 좋았습니다. 게다가 실시간 기능도 환상적이었습니다. 굿!!!

남희서- 종이 마인드맵으로 못하는 걸 할 수 있어서 좋았어요.

임찬영- 독서수업을 이렇게 재미있게 해서 좋았습니다.

이소지- 종이 마인드 맵으로 할 수 없는 것들을 경험할 수 있어서 색다른 기분이 들었어요. 너무 좋은 활동인 것 같아요.

이서은- 종이로는 할 수 없는 활동을 해봐서 재미있었고 오래 걸릴 활동을 단번에 더 쉽게 할 수 있어서 신기했습니다. 그리고 테마를 바꾸는 것도 예쁜 테마가 많아서 좋았고, 실시간 기능으로 다 같이 하는 게 신기하기도 했습니다. 이런 스마트 수업은 정말 재밌는 거 같습니다. 이모티콘도 많아서 고르는 재미도 쏠쏠했습니다. 이런 스마트 수업 많이 했으면 좋겠습니다!

「존 아저씨의 꿈의 목록」 오늘의 활동 소감

이지호- 공유한 친구들끼리 실시간으로 수정이 되어 편리했고 기능도 많아 좋았어요.

김시우- 너무 재미있었어요.

박예지- 다양한 색깔을 사용할 수 있고 자리도 이리저리 옮길수 있어서 좋았어요.

장민준- 모두 다 같이 협력 작업을 할 수 있는 공유 기능이 마음에 들어요. 또 쉽게 고칠 수도 있어서 좋고, 여러가지 테마가 있어서 좋았어요.

정아영- 색깔을 마음대로 바꿀 수 있어서 좋았고 종이에서는 할 수 없는 테마를 바꿀 수 있어서 좋았어요. 그리고 이렇게 실시간으로 볼 수 있어서 좋아요.

김지우- 테마를 바꿀수 있어서 좋았어요. 그리고 실시간으로 볼수있어서 편리했어요. 너무 재미있었고, 또 하고 싶은 수업이에요.

스톱모션으로
상상력 높이기

독서 수업 적용

독서 준비	독서	독서 후
		■

독서 수업에서 요구하는 역량

비판적 창의적 사고	자료 정보 활용	의사소통	공동체 대인관계	문화 향유	자기성찰 계발
■	■	■	■		

스톱모션(stop motion)은 촬영 도중 한 프레임과 다른 프레임 사이에 애니메이터가 끼어들어 화면을 멈추고 인형의 동작을 연출해 간다는 데서 유래되었다(장 풀로, 2004). 즉, 움직이지 않는 대상을 아주 조금씩 이동시키고, 이 과정을 사진으로 촬영한 뒤에 사진을 빠르게 재생하여 마치 계속해서 움직이고 있는 것처럼 보여 주는 촬영 기법 중 하나이다. 동

영상으로 촬영하는 것에 비해 그 자체로 신선하면서도 극적인 효과를 줄
수 있다. 또한 스톱모션을 제작하는 과정에서 여러 역할을 자연스럽게
분담하고 협업할 수 있는 것도 장점이다. 독서 수업에서 책 속의 내용을
시각적으로 재구성하거나 이어질 이야기를 상상하여 나타낼 때 다양하
게 활용할 수 있는 촬영 기반 수업이다.

 어떻게 진행하나요?

☑ 준비물 : 도화지, 두꺼운 종이(180g/㎡), 연필, 지우개, 풀, 가위, 색연필, 매직
(네임펜), 휴대폰, 휴대폰 거치대

1. 독서 수업 주제는 책 속에서 가장 인상 깊은 장면, 이어질 내용 상상하
   기, 등장인물에게 하고 싶은 이야기 중 하나를 골라 스톱모션으로 나
   타내는 것이다.
① 위 주제 중 하나를 모둠별로 선정한다. 학습목표에 따라 교사가 하나
   를 미리 선정해도 좋다.
② 모둠별로 필요한 준비물이다. 휴대폰 거치대는 스톱모션용 사진을 촬
   영할 때 매우 유용하다.

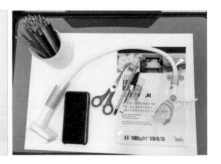

2. 스톱모션 수업은 말하고자 하는 바를 그림으로 나타낸다. 이에 수업 준비 활동으로 간단한 그림을 따라 그려 보며 흥미를 유발하고 본 수업과 연결 짓도록 한다. 하나의 스톱모션 영상을 제작하기 위해서는 배경 그림 그리기, 움직일 그림 그리기, 색칠하기, 오리기, 움직일 그림 조금씩 이동시키기, 촬영하기 등 다양한 작업이 필요하다. 회의를 통해 역할이 골고루 분배될 수 있도록 한다.

① 간단한 그림 도안을 자유롭게 따라 그려 보는 수업 준비 활동이다.

② 모둠원이 많을수록 역할 분담을 확실히 하는 것이 중요하다.

3. 모둠회의가 끝나면 회의 내용을 바탕으로 배경 그림과 움직일 그림을 그린다. 경우에 따라서는 짧은 글귀를 움직이게 할 수도 있다. 협업 활동이므로 그림 하나가 그려지는 대로 색칠과 오리기를 맡은 친구들이 작업을 연속적으로 진행하면 효율적으로 활동을 이끌어 갈 수 있다.

① 스톱모션에서 움직이지 않는 부분은 배경 그림으로 나타낸다.

② 그림이 그려지는 대로 채색을 연속적으로 진행하며 협업한다.

③ 스톱모션에서 움직일 부분은 두꺼운 종이에 그린 다음 가위로 오려
낸다.

④ 선택한 주제에서 중심이 되는 내용이 스톱모션에서 움직일 부분이다.

4. 배경 그림과 움직일 그림이 완성되면 촬영을 위해 먼저 배경 그림과 휴
대폰 거치대를 세팅한다. 배경 그림은 움직일 필요가 없기 때문에 테이
프로 살짝 고정해도 좋다. 움직일 그림을 어떤 식으로 움직일지 사전 협
의를 거쳐 의견을 조율하고 난 뒤 본격적으로 촬영을 시작한다.

① 휴대폰 거치대에 휴대폰을 고정하고 배경 그림이 잘 나오도록 거치대
각도를 조정한다.

② 움직일 그림을 배경 그림 위에 올리고 사전 협의한 내용을 바탕으로

조금씩 움직이며 촬영한다.

③ 촬영을 맡은 친구는 화면을 잘 보면서 그림자가 사진에 나오지 않도
록 주의한다.

④ 움직일 그림들이 점점 많아지므로 집중해서 촬영할 수 있도록 한다.

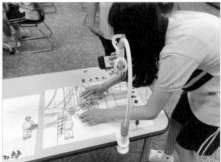

5. 모든 촬영이 끝나고 나면 이제 제작 마무리 단계이다. 프리미어, 베가
스, 무비메이커 등 다양한 편집 프로그램을 사용하여 찍은 사진들을
스톱모션 영상으로 제작할 수 있다. 이번 시간에는 무료로 배포되고
간단하게 편집이 가능한 무비메이커를 사용한다.

① 무비메이커 프로그램을 실행한다. ①을 클릭하고 찍은 사진을 모두
선택한 뒤 ②를 클릭하여 무비메이커로 가져온다. (찍은 사진을 드래그

하여 ①로 바로 가져와도 된다.)

② 무비메이커 상단 메뉴에 '편집'을 누르면 사진 재생 시간을 정할 수 있다. 이 재생 시간에 따라 사진을 느리게 움직일 수도 있고, 빠르게 움직일 수도 있다. 밝고 빠른 느낌의 영상으로 제작하려면 0.1~0.3초, 차분한 느낌이거나 조금 천천히 재생하려면 0.4~0.5초를 추천한다.

③ 미리보기 창에서 ▶을 클릭하면 선택한 재생 시간대로 사진이 재생되는 것을 확인할 수 있다. 예상했던 것보다 조금 빠른 느낌이면 재생 시간을 늘려 주고, 조금 느린 느낌이면 재생 시간을 줄여 준다.

④ 무비메이커 상단 메뉴에 '음악 추가'를 누르면 영상에 음악을 입힐 수 있다. 영상 주제에 어울리는 음악까지 넣어 주면 스톱모션 완성이다. 학습목표에 따라서는 음악 대신 아이들의 음성을 녹음하여 입힐 수도 있다.

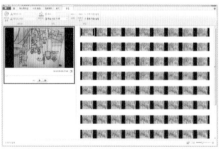
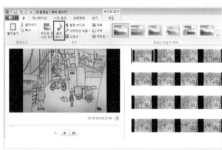

6. 각 모둠의 스톱모션이 완성되고 나면 마지막으로 모둠별 작품을 다
   함께 감상하며 수업을 마무리한다.

스톱모션 영상 (1모둠)	스톱모션 영상 (2모둠)	스톱모션 영상 (3모둠)	스톱모션 영상 (4모둠)

 이렇게 응용하면 좋아요!

1. 촬영할 때 가로 사진인데 세로로 촬영되는 경우가 있다. 이 경우에는
   무비메이커에서 일괄적으로 회전이 가능하므로 번거롭게 일일이 방
   향을 회전하지 않아도 된다.
2. 그림이 아니라 물체나 글귀로만 스톱모션 영상을 만들 수도 있다. 그
   림을 좋아하지 않거나 그리기 어려워하는 학생들에게 추천한다.

친구들과 함께 TV로만 보던 스톱모션을 직접 만들 수 있어 신기하였고, 우리의 최종 작품을 보니까 정말 뿌듯했다.

- 최현서 -

스톱모션을 통해 여러가지 재미들을 알게 되었고, 이 스톱모션을 친구들과 하니 정말 재밌었고 서로 역할을 분담해 가며 자신의 주어진 있을대로 스톱모션을 만드는 것이 정말 인상 깊었다

- 배종우 -

이 프로그램을 통하여 친구들과 힘을 합쳐 단합력이 생기는 것도 같고, 누구에게나 공평하게 기회를 가져서 싸워 없어서도 좋았다

- 박현준 -

스톱모션을 통해 책의 내용을 한번 더 되짚을 수 있었다 또, 다같이 한 작품을 하기까지 오래 시간이 걸렸지만 친구들과 같이 협동을 해서 쉽게 끝낼 수 있었다 독서 수업으로 제일 재미 있는 활동 이었다.

- 이주은 -

맨 처음에는 조금 힘들었지만, 우리가 그린 그림이 움직이는 것을 보고 뿌듯했다. 다음에도 또 했으면 좋겠다. 이런 경험을 하는게 특별하다고 생각한다

- 박서은 -

이번 스마트독서 수업이 새로워서 재미 있었고 스톱모션을 처음했는데 참 재미있었다. 다시 이 수업을 하고 싶다. 친구와 협동할수 있어서 재미있었다 이 수업을 추천한다

😊

- 구윤 -

이번 스마트독서 수업을 통해 그림실력, 촬영과 편집실력이 많이 늘었고, 다같이 하는 활동이다 보니 다시 한번 친구들과 가까워 질 수 있었고 정말 재미있었다.

- 유서희 -

스톱모션을 체험해보니 협동을 하며 작품을 만들 수 있어 재미있었고 일반 수업보다 귀에 더 잘 들어오고 유익했다 나중에 활용할 수 있을 것 같다.

- 박세환 -

등장인물을 홀로그램으로 불러들이기

독서 수업 적용

독서 준비	독서	독서 후
		■

독서 수업에서 요구하는 역량

비판적 창의적 사고	자료 정보 활용	의사소통	공동체 대인관계	문화 향유	자기성찰 계발
■	■	■		■	

360도에서 감상이 가능한 3차원 입체 이미지를 뜻하는 '홀로그램(Hologram)'은 일반적인 사진이나 화면상으로 보이는 3D와 달리 3차원의 상을 보여 주기 때문에 실물과 같은 입체감을 제공한다. 홀로그램 구현 기술은 현재 다양한 형태로 연구 중이며, 특히 플로팅 홀로그램(Floating Hologram)은 공연이나 전시 분야에 활발하게 사용되고 있다.

이번 독서 수업에서는 플로팅 홀로그램을 파워포인트(PowerPoint) 소프트웨어와 OHP 필름으로 간단하게 구현해 본다. 흔히 발표 자료를 제작할 때 활용하는 파워포인트는 이미지나 영상을 편집할 수 있는 기능도 갖고 있다. 포토샵(Photoshop)과 같은 전문가용 프로그램에 비해 손쉽게 익힐 수 있는 것이 장점이다. 독서 수업에서 그동안 읽었던 권장도서나 작품들을 되돌아보며 종합해 보고 흥미롭게 감상하고 싶을 때 활용할 수 있는 생생한 웹 기반 수업이다.

 어떻게 진행하나요?

☑ 준비물 : 컴퓨터, 권장도서 목록, 스마트폰, 투명한 PVC 표지나 OHP 필름, 자, 네임펜, 테이프 등

1. 이번 독서 수업 주제는 '그동안 읽었던 권장도서 목록 중 인상 깊었던 작품을 선정하고, 등장인물을 홀로그램으로 불러들여 감상하기'이다. 이에 도입 활동으로 「학년 권장도서 목록」을 살펴보며 각자 책 3권을 선정하고, 해당 도서의 책 표지를 파워포인트로 가져온다. 책 표지는 구글, 네이버 등 종합 검색 엔진이나 출판사, 온라인 서점 사이트에서 쉽게 찾을 수 있다.
① 등장인물을 홀로그램으로 불러들일 수 있도록 배경만 있는 책 표지보다는 등장인물이 나오는 책 표지가 좋다.
② 자신이 선정한 책 표지에 배경만 있거나 희미한 삽화라면, 책 속에 실린 등장인물 그림을 가져와도 좋다.

참고도서 『마당을 나온 암탉』, 황선미 글, 김환영 그림, 사계절출판사
『이모의 꿈꾸는 집』, 정옥 글, 정지윤 그림, 문학과지성사
『쌀뱅이를 아시나요』, 김향이 글, 김재홍 그림, 파랑새어린이

2. 선정한 책 표지를 파워포인트에 세팅했다면, 다음 활동에서는 실감 나는 홀로그램을 위해 이미지의 배경을 제거한다. 이 활동은 학생들의 수준에 따라 선택 활동으로 해도 좋고, 1번 활동을 빨리 끝낸 학생들에게 도전 활동으로 제시해도 좋다. 어디까지나 새로운 방식으로 흥미롭게 독서 감상을 하는 것이 주목적이므로, 중간 과정은 학생들의 컴퓨터 활용 능력에 따라 재구성할 수 있다.

① 편집할 이미지를 더블클릭하면 상단에 그림 서식 메뉴를 확인할 수 있다. 여기서 '배경 제거'를 누른다.

② 배경이라고 인식하는 부분이 자동으로 진하게 표시된다. 결과에 만족하면 '변경 내용 유지'를 클릭한다.

③ 배경이 제거되고 등장인물만 깔끔하게 남은 것을 확인할 수 있다.

④ 배경이 복잡한 경우에는 아무래도 자동 인식이 매끄럽지 않다.

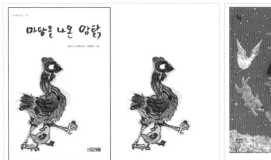

⑤ 이 경우에는 '배경 제거'를 누른 후, 진하게 표시된 부분 중에서 남기기를 원하는 부분은 '보관할 영역 표시'를 클릭한 뒤 해당 영역을 마우스로 클릭하면 비슷한 색깔과 주변부 형태를 자동으로 인식한다.

⑥ 반대로 없애고 싶은 부분이 있다면 '제거할 영역 표시'를 클릭한 뒤 ⑤와 같은 방법으로 해당 부분에 마우스를 클릭한다. 수정 작업이 모두 끝나면 ②과 같이 '변경 내용 유지'를 눌러 원하는 이미지만 남았는지 확인한다.

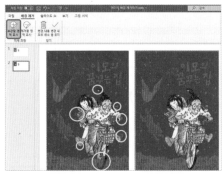

3. 이제 '홀로그램 이미지 만들기'이다. 선택한 등장인물을 3차원 입체로

초등 독서 수업

보이게 하기 위해 똑같은 이미지를 90도 단위로 네 방향에 배치하는 것이 핵심이다. 홀로그램 영상이나 글씨를 만드는 방법도 아래와 동일하므로, 학습목표나 교실 상황에 맞게 응용할 수 있다.

① 이미지를 정확하게 위치시키기 위해 파워포인트 상단 메뉴에서 '눈금선'과 '안내선'을 표시한다.

② 슬라이드의 정중앙에 정사각형 도형을 하나 삽입해 놓으면 네 방향으로 이미지를 배치할 때 편리하다.

③ 2번 활동에서 만들어 둔 이미지를 정사각형 위쪽에 배치한다. 크기는 원래 크기에 비례하여 줄인다.

④ 위쪽에 둔 이미지를 복사, 붙여넣기 하고 오른쪽으로 90도 회전시킨 뒤 정사각형 오른쪽에 배치한다.

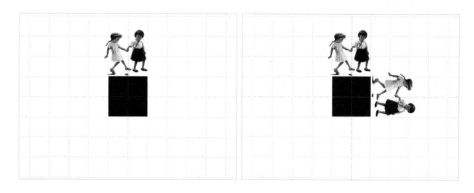

⑤ 이번에는 오른쪽에 있는 이미지를 복사, 붙여넣기 하여 오른쪽으로 90도 회전시킨 뒤 정사각형 아래쪽에 배치한다.

⑥ 같은 방법으로 동일한 이미지를 하나 더 생성하고 회전시킨 뒤 정사각형 왼쪽에 배치하면 네 방향 이미지가 완성된다.

⑦ 다 만든 이후 중앙에 두었던 정사각형은 삭제하고, 상단 메뉴 '배경 서식'에서 색깔을 검은색으로 선택한다.

⑧ 마지막으로 상단 메뉴에서 '파일 – 다른 이름으로 저장'을 누른 뒤, 파일 형식을 jpg로 바꾸고 저장을 클릭한다. 저장된 파일을 자신의 스마트폰으로 옮겨 오면 홀로그램 이미지 세팅도 완료이다.

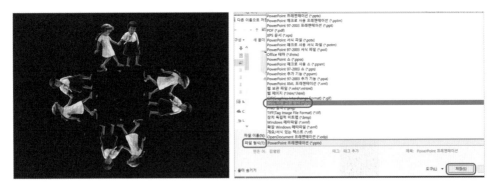

초등 독서 수업

4. 홀로그램을 재생하기 위해서는 사각뿔대(frustum of quadrangular pyramid)를 뒤집은 형태의 투명한 구조물이 필요하다. 준비물은 PVC 표지나 OHP 필름, 자, 네임펜, 테이프이다. PVC 표지나 OHP 필름이 없어도 투명하고 힘이 있는 소재라면 어떤 재료든 대체 가능하다. 지면과 45도 각도로 네 방향을 만들 수만 있으면 된다.

① 파워포인트를 이용하여 간단하게 그려 본 도안이다. 이외에도 다양한 모양으로 설계할 수 있다.

② A4 용지로 출력한 도안 위에 PVC 표지나 OHP 필름을 겹쳐 놓고 따라 그리면 쉽다. 실선대로 자른 다음 점선 모양으로 접고, 파란색 실선을 맞붙여 테이프로 고정하면 완성이다.

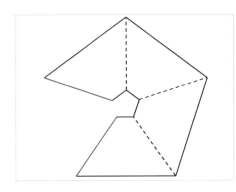 

5. 마지막으로 친구들의 작품을 함께 감상하며 책 제목과 등장인물 및 작품 선정의 이유를 나누고 수업을 마무리한다. 홀로그램으로 나타난 등장인물을 보며 책에 대한 이야기를 나누는 감상 풍부화 활동이다. 작품 감상 시 3번 활동에서 만든 홀로그램 이미지를 스마트폰으로 옮겨 와 화면에 띄워 놓은 상태에서 화면 밝기는 최대로, 주변은 어둡게 해 주면 실감나게 홀로그램을 감상할 수 있다.

① 자신이 만든 홀로그램 이미지를 스마트폰에서 열고, 화면에 꽉 차도록

이미지 크기를 조절한다. 이때 스마트폰의 밝기는 최대치로 올린다.

② 주변을 어둡게 하면 원치 않는 빛의 간섭을 줄여 주고 홀로그램을 더욱 생생하게 볼 수 있다. 스마트폰 옆면 부근으로 눈높이를 맞추면 더 잘 보인다.

③ 4번 활동에서 완성한 사각뿔대 모양의 구조물을 뒤집어서 스마트폰 액정 중앙에 올려놓으면 떠오르는 홀로그램을 확인할 수 있다. 지속적인 감상을 위해 화면 자동잠금 기능은 해제해 놓는 것이 좋다.

④ 색다른 방식의 감상은 작품을 흥미롭게 한 번 더 살펴보게 하고, 자연스럽게 책을 접하게 한다. 자신이 선정한 책 제목과 등장인물 및 작품 선정의 이유를 한 명씩 발표하며 수업을 마무리한다.

1. 글씨를 홀로그램으로 제작하고 싶거나 영상에 글씨가 포함된 경우라면 파워포인트에서 홀로그램을 만들 때 상단 메뉴에서 '좌우 대칭'을 클릭하여 좌우가 뒤집힌 형태로 네 방향에 배치하면 된다.

2. 영상을 홀로그램으로 제작하는 경우에는 네 영상이 동시에 재생되는 상태인지를 꼭 점검하도록 한다. 상단 메뉴에서 '애니메이션 창'을 눌러 4개의 영상이 모두 ⓵로 묶여 있는지 확인하면 된다. 네 방향 영상 저장 시 파일 형식은 mp4로 바꾸어 준다.

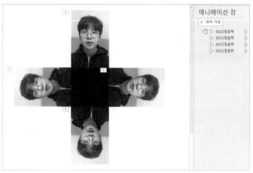

3. 홀로그램을 재생하는 구조물을 만들 때 PVC 표지나 OHP 필름 대신 투명한 페트병 윗부분을 잘라서 만들 수도 있다. 작은 페트병보다는 뒤집었을 때 지면과 45도 각도를 이루는 1.5~2L 큰 페트병이 좋다. 칼집을 낼 때는 손을 다치지 않게 주의하고, 다 자른 이후에는 십자 형태로 접어 사각뿔대 모양을 만들어 주면 된다.

4. Zoom으로 원격 수업을 하는 상황이라면 파워포인트가 가정마다 버전이 달라서 다소 변수가 생길 수 있다. 파워포인트 2010 이전 버전을 사용하는 학생이나 이해가 어려워 도움이 필요한 학생은 교사의

구글 공유 문서로 작업하고, 실시간으로 도움을 제공할 수 있다. 구글 프레젠테이션은 '배경 제거' 기능을 지원하지 않으므로, 이 경우에 배경을 제거하고 싶다면 픽슬러 에디터(Pixlr Editor)나 https://www.remove.bg/와 같은 사이트를 이용하여 배경을 제거할 수 있다. 미세 조정은 어렵지만 구글 프레젠테이션만 쓸 수 있는 상황에서는 좋은 대안이 될 수 있다.

 아이들과 활동 소감을 나눠요!

인상 깊은 문구를
텍스트 마이닝하기

독서 수업 적용

독서 준비	독서	독서 후
		▪

독서 수업에서 요구하는 역량

비판적 창의적 사고	자료 정보 활용	의사소통	공동체 대인관계	문화 향유	자기성찰 계발
▪	▪	▪			

일반적으로 빅데이터를 분석할 때 활용하는 텍스트 마이닝(text mining)은 많은 텍스트 속에서 의미와 가치가 있는 정보를 추출하는 과정을 말한다. 워드 클라우드(Word Cloud)는 이러한 텍스트 마이닝의 여러 기법 중하나로, 텍스트 데이터의 단어 밀도나 핵심 단어를 시각적으로 돋보이게

해 주는 도구이다. 만드는 사람의 의도에 따라 미리 정해 놓은 단어들만으로 문자 이미지를 만들 수도 있고, 방대한 정보에서 키워드를 추출해서 시각화할 수도 있다. 독서 수업에서 인상 깊은 문구나 내용을 분석하고 이미지로 시각화하고 싶을 때 활용할 수 있는 웹 기반 수업이다.

 어떻게 진행하나요?

✔ 준비물 : 컴퓨터, 독서 수업 책

1. 교사는 수업 전에 구글 문서를 학생별로 미리 생성해 둔다. 폴더 제목은 '활동명'으로, 각 문서의 제목은 '학번+이름'으로 입력하면 수업 중이나 평가 시에 찾기 편리하다. 실시간으로 이루어지는 원격 수업의 장점을 살려 공유 기능이 있는 문서에 기록하면 교실 수업처럼 학생들의 활동 상황을 바로바로 확인하고 도움을 제공할 수 있다.
① 구글 드라이브는 다양한 문서 형식을 제공한다.
② 구글 드라이브에서 '새로 만들기'를 누르고 문서를 생성한다.

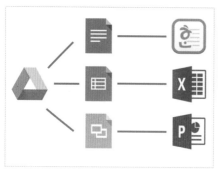 

③ 학생별로 생성한 문서를 우클릭한 뒤 '공유 가능한 링크 가져오기'를 클릭하면 해당 학생의 링크가 생성된다.

④ 링크를 생성할 때는 학생이 문서를 편집할 수 있도록 해당 권한을 '편집자'로 바꾸어 준다.

2. 이번 독서 수업 주제는 '작품에 등장하는 인물의 대사나 내용에서 자신에게 와닿는 문구를 모아 워드 클라우드로 나타내기'이다. 이에 도입 활동으로 선정한 책의 내용을 함께 음미해 가며 읽고, 자신에게 인상 깊은 문구를 개별 문서에 기록하도록 한다. 즉, 단순한 빈도수가 아니라 각자에게 의미 있는 문구를 산출하기 위해 1차 텍스트 마이닝을 거친다. 책을 모두 살펴본 후에는 Zoom 소회의실에서 모둠별로 의견을 나누며 협업 문서에 각자 분석한 문구를 합해 본다.

① 3~4명씩 Zoom 소회의실에 할당한다. 정해진 모둠이 있다면 '수동'을, 랜덤으로 배정하려면 '자동'을 클릭하면 된다.

② 교사는 교실 수업처럼 각 소회의실을 순회하며 해당 모둠에게 필요한 도움을 제공할 수 있다.

3. 이제 본 활동인 '워드 클라우드로 나타내기'이다. 워드 클라우드를 지원하는 사이트는 https://worditout.com/word-cloud/create, https://www.jasondavies.com/wordcloud/, www.wordcloud.kr 등 다양하며, 각자 지원하는 특징이 조금씩 달라 필요에 맞게 사용할 수 있다. 여기에서는 한국 사이트라 학생들이 이해하기 쉽고, 다양한 한글 무료 폰트를 적용할 수 있는 www.wordcloud.kr에 접속해 워드 클라우드를 생성하는 법을 소개해 보겠다. 별도 회원 가입도 필요 없어 간단한 메뉴만 이해하면 바로 이용 가능하다.

① 워드 클라우드에서의 '글자색'은 단일 색을 말하는 것이 아니라 rainbow, accent, spring 등 글자색의 조합을 어떤 느낌으로 할 것인지를 뜻한다.

② 기본 글씨체 외에도 다양한 무료 폰트를 선택할 수 있다.

③ 원하는 형태의 '마스크'를 클릭하면 해당하는 모양으로 이미지를 만들 수 있다. 워드 클라우드에 나올 단어의 개수는 '단어 수'를 눌러 선택한다.

④ '키워드'에는 큰 글씨로 강조하고 싶은 단어를 최대 3개 넣을 수 있다. 이어 '텍스트'에 내용을 넣고 '워드 클라우드 만들기'를 클릭한다.

마스크
키워드
텍스트
크기 직접입력 500px X 500px
단어수 300개
⚙ 워드클라우드 만들기   💾 저장&공유

4. 생성 메뉴에 대한 안내가 끝나고 나면 각자 Zoom 소회의실에서 분석한 협업 문서 내용으로 워드 클라우드를 만들어 본다. 우선 제대로 이해했는지를 확인하기 위해 처음 워드 클라우드를 만들 때는 몇 가지 일정한 조건을 제시하고 생성해 보도록 한다. 학생들은 만든 워드 클라우드를 교사와 공유되어 있는 개별 구글 문서에 업로드하여 이해도를 점검하고 실시간으로 피드백을 제공받을 수 있다.

① '배경색'은 없이, '마스크'는 ♥로, '단어 수'는 50개, '키워드'는 책 제목과 본인 이름을 넣어 '꽃들에게', '희망을', '학생명'으로, '텍스트'는 협업 문서에 적은 인상 깊은 문구 중 핵심 워딩으로 조건을 제시하였다.

② '키워드'나 '텍스트' 내용에 띄어쓰기를 하면 다른 단어로 인식하여 워드 클라우드 생성 시 분리될 수 있으므로, 필요 시 의미 단위로 띄어쓰기 하는 것을 추천한다.

5. 첫 번째 제작 활동으로 이해도가 점검되었다면, 이제 인상 깊은 문구들을 모두 '텍스트'에 넣어 다양한 모양과 자유로운 방식으로 워드 클라우드를 제작해 본다. '키워드'에 아무것도 입력하지 않으면 '텍스트'에 쓴 내용 중 자주 나오는 단어가 큰 글씨로 나오는 것을 확인할 수 있다. 만들어진 친구들의 작품은 Zoom의 공유 기능을 활용하여 화면으로 다 함께 감상하며 수업을 마무리한다.

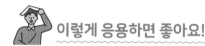

이렇게 응용하면 좋아요!

1. 무료 사이트의 경우 불가피하게 광고가 화면에 노출된다. 학생들에게 자극적인 광고가 보이는 것을 막고 수업에 집중할 수 있도록 광고 차단 프로그램을 미리 설치해 두는 것을 추천한다.

2. 크롬 웹스토어에서 광고 차단 프로그램을 검색하고 'Chrome에 추가' 버튼을 클릭하면 간단하게 설치가 된다. 이후 해당 사이트를 '새로고침' 하면 광고가 사라져 있는 것을 확인할 수 있다.

아이들과 활동 소감을 나눠요!

6장

예술과
연계한
독서 수업

문학작품은 예술의 한 장르임에도 불구하고 실제 학교에서는 문학은 그 외의 예술 분야와 통합하여 수업할 일이 거의 없었다. 하지만 우리가 함께하는 교실에는 미래의 피카소, 모차르트와 같은 예술가적 재능을 지닌 학생들이 있다. 그들 중에는 독서에는 크게 흥미가 없는 학생, 책 내용을 잘 이해하지 못하여 독서 시간이 힘든 학생, 말이나 글보다는 몸으로, 혹은 그림으로는 느낀 점을 잘 표현하는 학생들이 있다.

많은 사람들이 즐기는 예술을 독서 수업에 접목하는 활동은 학생들의 흥미를 불러일으킬 뿐만 아니라 표현 능력의 향상을 가져온다. 독서 능력이 부족한 학생들도 예술과 독서 수업을 접목한 활동에는 적극적으로 참여할 수 있다.

독서 후에 반드시 독후감을 쓰는 것만이 좋은 독후 활동은 아니다. 학생들은 다양한 예술 활동을 하면서 읽은 책에 대해 더 알아가는 경우도 있다. 시나 소설의 경우 학생들의 감상은 획일적일 때가 많다. "아름답다."재미있다."식의 표현은 학생들이 내면에 느낀 감정을 제대로 담아 내지 못한다. 하지만 예술과 결합한 독서 수업에서는 한 작품을 통해서 또 다른 작품을 재생산해 낼 수 있다.

교육과정 속에서 예술과 교과의 통합을 주장한 학자로는 아이즈너(Elliot W. Eisner)가 있다. 아이즈너는 수업은 예술이라고 생각했는데, 교육과정 개발 과정을 '교육적 상상력'을 발현하는 과정으로 보았다. 아이즈너의 예술적 교육과정 목표는 타일러(Ralph W. Tyler)가 세운 종합적 교육과정 모형에 대한 대안으로 나온 것으로, 다음과 같은 차이가 있다.

- 타일러의 모형 : 행동적 목표 → 목표 달성 활동 → 행동적 결과
- 아이즈너의 모형 : (　　　) → 표현적 활동 → 표현적 결과

아이즈너의 모형에는 목적에 해당하는 것이 없으며 표현적 활동이 수 단으로도 간주될 수가 없다. 목적은 행위 그 자체로부터 형성될 수 있다 고 말한다. 아이즈너의 교육과정 속에서는 학생은 수업 활동 이후에 그 활동의 목적을 알게 된다(조영태, 2019).

예술은 한마디로 정서를 표현하는 활동으로, 마음속의 정서를 마음 바 깥으로 표현해 내는 일이라고 말할 수 있겠지만, 이 말은 조심스럽게 해 석되어야 한다. 그 말은 예술가 자신은 충분히 의식하고 있는 자기 마음 속의 정서를 오로지 남들을 위하여 마음 바깥으로 드러낸다는 의미로 해 석되어서는 안 된다. 예술가도 자기 마음속의 정서를 충분히 의식하지 못하고 있으며, 그것을 보다 명료하게 의식해 내고자 창작 활동을 수행

하는 것이다. 역설적이지만 정서가 있어서 표현하는 것이 아니라, 표현해 봄으로써 정서가 생겨나는 것이다.

아이즈너는 학생들이 교육활동을 하면서 정서가 만들어진다고 한다. 흔히들 교육과 예술을 결합하면 표현이 더 풍부해진다고 하는데, 이는 내면에 있는 정서를 끌어올리는 것일 수도 있지만, 예술 활동을 통해서 기존의 학습 내용에서 발견하지 못했던 새로운 것을 느끼게 되는 것일 수도 있다. 독서교육에도 이를 적용한다면, 예술과 결합을 했을 때 책에 대한 감상이 더 깊어질 수 있다는 시사점을 준다.

2015 개정 국어과 교육과정에서 '예술'이라고 명확하게 명시된 곳은 없다. 그러나 교육과정의 「문학」 영역에서 예술과 활용할 수 있는 내용들이 명시되어 있다. 다음은 예술과 연관된 국어과 성취기준이다.

• **1~2학년군 문학 성취기준**
[2국05-01] 느낌과 분위기를 살려 그림책, 시나 노래, 짧은 이야기를 들려주거나 듣는다.
[2국05-02] 인물의 모습, 행동, 마음을 상상하며, 그림책, 시나 노래, 이야기를 감상한다.
[2국05-04] 자신의 생각이나 겪은 일을 시나 노래, 이야기 등으로 표현한다.
[2국05-05] 시나 노래, 이야기에 흥미를 가진다.

- **3~4학년군 문학 성취기준**

[4국05-01] 시각이나 청각 등 감각적 표현에 주목하여 작품을 감상한다.

[4국05-02] 인물, 사건, 배경에 주목하며 작품을 이해한다.

[4국05-03] 이야기의 흐름을 파악하여 이어질 내용을 상상하고 표현한다.

[4국05-04] 작품을 듣거나 읽거나 보고 떠오른 느낌과 생각을 다양하게 표현한다.

[4국05-05] 재미나 감동을 느끼며 작품을 즐겨 감상하는 태도를 지닌다.

- **5~6학년군 문학 성취기준**

[6국05-02] 작품 속 세계와 현실 세계를 비교하며 작품을 감상한다.

[6국05-05] 작품에 대한 이해와 감상을 바탕으로 하여 다른 사람과 적극적으로 소통한다.

이러한 성취기준은 현재 독서 수업과도 밀접하게 연결되어 있으며, 다음 예술과 연관된 국어과 교수·학습 방법 및 유의사항을 살펴보면 독서교육과 예술과의 통합을 장려하고 있음을 알 수 있다.

- **1~2학년군 국어과 교수·학습 방법 및 유의사항**

⑤ 노래와 시, 이야기 등 특정한 문학 갈래에 국한하지 말고 만화, 애니메이션 등 갈래의 범위를 넓히거나 역할극과 같은 연극적 기법을 활용함으로써 학습자의 흥미와 관심을 유발하도록 한다.

· 3~4학년군 국어과 교수·학습 방법 및 유의사항

① 창의적 표현을 중심으로 학습자의 창의적 사고를 계발하도록 하고, 다양한 삶에 대한 간접 경험을 통해 타자에 대한 이해의 폭을 넓힘으로써 인성 함양에도 기여하도록 한다.

⑥ 독후 활동으로서 생각과 느낌 표현하기를 지도할 때는 전형적인 감상문 쓰기 외에 인물에게 보내는 편지 쓰기, 일기 쓰기 등으로 활동을 다양화하고, 듣기·말하기와 연계한 작가 혹은 인물과의 가상 인터뷰, 미술 교과와 연계한 그림 그리기 등의 활동을 하도록 한다.

예술과 연관된 국어과 평가 방법 및 유의사항에 대해 살펴보면 다음과 같다.

· 1~2학년군 국어과 평가 방법 및 유의사항

① 허용적인 분위기 속에서 시나 노래, 이야기를 감상하고, 느낀 점과 생각을 자유롭게 표현하도록 하고 이를 관찰하여 평가한다.

② 시나 노래, 이야기를 교과 외 시간에도 흥미를 갖고 즐겨 접하도록 독려하고 이를 누적적으로 기록하여 평가한다.

③ 작품에 대한 학습자의 반응에 대해 옳고 그름을 평가하기보다는 다른 학습자들과 반응을 공유하는 과정을 통해 자신의 생각과 느낌을 스스로 점검해 보는 기회를 제공한다.

· 3~4학년군 국어과 평가 방법 및 유의사항

③ 교수·학습에서 다룬 지식이나 내용을 직접적으로 확인하기보다는 작품을 감상한 결과를 다양한 방법으로 표현하는 과정에 중점을 두어

평가한다.

⑥ 독후 활동으로서 생각과 느낌을 표현하는 능력을 평가할 때는, 작품에 대한 수렴적인 이해보다는 발산적인 감상 능력에 중점을 두도록 한다.

예술과 결합한 독서교육은 수업을 더욱 풍부하게 만들어 줄 뿐 아니라 다양한 성향을 지닌 학생들이 독서에 좀 더 적극적으로 참여할 수 있게 해 준다. Kingkaysone은 예술은 교과로 분석과 창조의 형태로 통합해서 들어간다고 한다. Greene은 예술은 넓은 깨우침(wide-awakeness) 또는 배움의 과정에서 감정적인 연결고리 역할을 한다고 언급했다.

이 장에서는 음악과 미술, 연극, 만들기 등 다양한 예술과 결합한 독서 수업을 구성하였다. 이 수업을 진행하면 자연스럽게 책 속 인물의 입장이 되어 생각해 보게 되고, 독서 활동을 위해 인물·사건·배경을 더 꼼꼼하게 살펴보게 된다. 만든 작품을 함께 감상하면서 이야기가 주는 의미, 시의 아름다움에 대해 더 깊이 있게 느낄 수 있는 수업이 될 것이다.

음악과 함께
시를 느끼고 만들어요

독서 수업 적용

독서 준비	독서	독서 후
■		■

독서 수업에서 요구하는 역량

비판적 창의적 사고	자료 정보 활용	의사소통	공동체 대인관계	문화 향유	자기성찰 계발
■		■		■	

학생들은 시를 좋아하면서도 그 느낌을 어떻게 살려야 할지 모르는 경우가 많다. 소감을 물어보면 "좋았어요.", "그냥 그래요." 등의 간단한 표현만 할 뿐 그 느낌을 구체적으로 말하지 못한다. 이때 학생들에게 친숙한 음악을 통해 시 감상을 시도해 본다. 본래 시와 음악은 하나로 연결되어 있다. 시에 음을 더하면 노래가 되고, 노래 가사만 따로 감상하면 한 편

의 시가 된다. 시가 음악으로 만들어져 있는 경우에는 그 음악을 이용하여 학생들과 수업을 할 수 있다.

음악과 연계된 시의 경우 음악을 듣고 의미를 상상해 볼 수 있고, 음악을 통해 시에 대한 느낌을 더 풍부하게 가질 수 있다. 가곡을 많이 활용해 볼 수 있으며, 판소리도 문학작품과 연계되어 있기 때문에 시를 넘어서 일반 소설 장르에도 활용해 볼 수 있는 수업이다.

다년간 이 수업을 운영하면서 많은 학생들이 시 수업을 즐거워한다는 것을 알 수 있었고, 학생들이 표현하는 방법을 잘 몰랐을 뿐 시를 이해하지 못하는 것은 아니라는 점을 알 수 있었다. 시를 감상한 후에 이를 표현하는 만들기 등으로 자유롭게 표현함으로써 상상력과 창의력을 키울 수 있다. 평소와는 다른 시 감상을 통해 예술의 아름다움을 알고 향유하는 자세를 기를 수 있다.

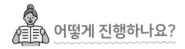 **어떻게 진행하나요?**

☑ 준비물 : 실, 색종이, 색상지, 사인펜, 색연필, 젓가락, 가위, 풀(재료는 다양할수록 좋음)

1. 시를 노래로 만들어 놓은 곡을 감상한다(슈베르트 가곡 〈마왕〉). 이때 유튜브에 나온 동영상을 활용하면 더 좋다.

   https://youtu.be/mmx4MN3xZpM?list=RDmmx4MN3xZpM

   https://youtu.be/JS91p-vmSf0?list=PLXdxL8S06Ayp2i52Ae2dLOE3bVljKj6bb

2. 교사는 처음에 시 제목이 '마왕'임을 알려 주고, 등장인물인 아들과 아버지, 마왕에 대해서도 알려 준다. 모둠원과 내용을 추측하게 한다. 독일어로 되어 있기 때문에 시의 내용을 추측해 본다.

3. 시를 읽어 보고 느낀 점을 발표한다.

4. 시를 감상한 느낌을 다양한 만들기 재료로 표현한다.

초등 독서 수업

이렇게 응용하면 좋아요!

1. 처음에는 성악가, 연주자의 연주 모습만 담긴 음악을 듣게 해 주면 상상하는 데 좋다.

2. 내용을 더 살펴보고 음악과 애니메이션이 함께 더해진 동영상을 보면 내용을 이해하는 데 도움이 된다.

3. 모둠끼리 자유롭게 느낌을 표현할 수 있게 한다.

4. 만들기를 할 때는 어떤 재료로, 얼마만 한 크기로 만들어야 할지 교사가 제시하지 않는다. 학생 스스로 재료를 만져 보면서 결정할 수 있게 해 주는 것도 창의력을 개발하는 데 좋은 방법이다.

5. 충분한 시간을 주는 것이 좋다. 만드는 데 시간 차이가 발생할 수 있지만, 다 만든 학생의 경우 자신의 작품을 충분히 감상하고 반성해 보는 시간을 가질 수 있게 한다.

◑ 적용할 수 있는 추천 도서 및 활용 예

1. 『흥부와 놀부』 이야기를 읽고 그와 관련한 〈흥보가〉의 판소리 일부를 함께 듣고 사건의 분위기와 인물의 성격을 알 수 있다.

2. 김소월의 시와 마야의 〈진달래꽃〉 노래를 감상하고 시에 대한 감상을 친구와 비교한다.

3. 아름다운 가곡 시리즈: 아름다운 시와 노래(한국예술가곡사랑회 저, 비앤 비출판사)

4. 시는 노래처럼(소래섭 글, 프로네시스)

 아이들과 활동 소감을 나눠요!

• 시를 읽고 느낀 점을 마음껏 표현할 수 있어서 좋았다.

• 시가 음악으로도 있으니까 감상하는 데 더 재미있었다.

• 시를 더 잘 감상할 수 있었다.

그림 속에
이런 내용이?

독서 수업 적용

독서 준비	독서	독서 후
■		■

독서 수업에서 요구하는 역량

비판적 창의적 사고	자료 정보 활용	의사소통	공동체 대인관계	문화 향유	자기성찰 계발
■		■		■	

그림은 때로는 그 시대의 사회상을 반영하고, 역사적인 순간을 담고 있기도 한다. 서양의 고전 예술을 보면 신화를 모티브로 한 작품들도 많은데, 그러한 자료를 독서 전에 활용하면 책에 대한 흥미를 높여 감상을 더욱 풍부하게 할 수 있다. 멀고 어렵게만 느껴지는 미술 작품을 이야기와 함께 다루면 예술적 감수성도 키울 수 있다.

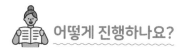 **어떻게 진행하나요?**

☑ 준비물 : 이야기와 관련지어 생각할 수 있는 그림 또는 영화 등의 예술 작품

☑ 수업 대형 : 평소 수업하는 자리에서 바로 진행할 수 있다. 학생들이 서로 마주
보고 대화하기 좋은 형태인 ㄷ자 대형이 최적이다.

1. 시작하기 전 제목만 보고 어떤 내용일지 이야기를 나눈다.

• '기게스의 반지'라는 제목을 보니 어떤 이야기인 것 같나요?

• '기게스'는 무엇을 이야기하는 것 같나요?

2. 이번에는 그림을 보여 주고 추측을 더 해 본다.

• 여기서 기게스는 누구일까요?

• 등장인물은 누가 나올 것 같나요?

• 이야기는 어떤 느낌일 것 같나요?

• 이 그림을 보고 어떤 점이 궁금한가요?

3. 학생들과 이야기를 읽으며 실제 그림의 내용을 확인해 본다.

- 이 그림은 어떤 상황을 나타내는 것인가요?
- 그림 속의 사람들은 기게스에게 무슨 말을 했을까요?
- 이때 기게스의 심정은 어땠을까요?

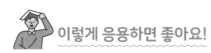 이렇게 응용하면 좋아요!

◑ 독서 전 활동

1. 독서를 하기 전에 그림을 보면서 이야기를 나누면 책에 대한 기대감
   을 높일 수 있다.
2. 그리스 로마 신화, 역사와 관련된 책을 읽을 때, 관련된 그림 감상으로
   시작하면 학생들의 흥미와 이해도가 높아진다.
3. 이야기와 연관된 그림을 함께 감상함으로써 예술 작품은 어렵다는 편

견을 깨는 데 도움을 준다.

◑ 독서 후 활동

1. 독서 후 책 내용을 만화 또는 그림으로 표현할 때 좋은 예시로 사용할
   수 있다.
2. 독서 후 그림을 보며 줄거리를 정리하는 활동으로 활용할 수 있다.

◑ 기타 진행 Tip

1. 이야기나 책의 내용과 일치하는 명화를 찾지 않아도 괜찮다. (〈기게스
   의 반지〉에 대한 수업을 할 때 〈반지의 제왕〉 영화 예고편을 가지고 시작할 수
   도 있다.)
2. 책에 대한 흥미를 높여 주는 활동이기 때문에 80분 전체 수업 중 15분
   이내로 끝내는 게 좋다.
3. 학생들이 그림을 보고 직접 질문을 만들어 내는 활동을 할 수 있다.
4. 질문을 만들 때는 결론 또는 중요한 내용을 미리 알려 주지 않은 상태
   에서 진행한다.

◑ 적용할 수 있는 추천 도서 및 활용 예

1. 그리스 로마 신화 : 루벤스의 〈파리스의 심판〉
2. 양반전 : 김홍도의 풍속화 〈자리 짜기〉
3. 난중일기 : 〈정왜기공도병〉(〈정왜기공도병〉 그림은 애니메이션 작품으로도
   만들어졌기 때문에, 그림 설명 후에 학생들과 애니메이션을 보면 더 재미있다.)

![아이들과 활동 소감을 나눠요!]아이들과 활동 소감을 나눠요!

- 그림을 보고 이야기를 나누니까 재미있었다.
- 책 내용을 미리 생각해 볼 수 있어서 좋았다.
- 읽을 책 내용이 기대가 되었다.

같은 이야기, 다른 느낌

독서 수업 적용

독서 준비	독서	독서 후
	■	■

독서 수업에서 요구하는 역량

비판적 창의적 사고	자료 정보 활용	의사소통	공동체 대인관계	문화 향유	자기성찰 계발
■		■	■		

'역지사지'라는 표현이 있듯이 누구든 상대방의 입장이 되어 봤을 때 그 사람의 입장을 더 잘 이해할 수 있다. 이야기 속 상황으로 직접 들어가 보면 인물이 어떤 상황에 처했는지, 왜 그런 행동을 할 수밖에 없었는지 이해할 수 있다. 작품 속 인물이 되어 이야기 속의 갈등을 어떻게 해결하면 좋을지, 그 후의 이야기까지 더 깊이 상상해 볼 수 있다.

국어 교과 「극」 단원을 배울 때 이야기를 극본으로 바꿔서 읽어 보는 과정이 있는데, 상상력을 키우고 더 깊은 독서 감상을 위한 좋은 방법이다. 어린이 철학 도서처럼 가치관을 주제로 한 책을 읽을 때는 다소 어렵게 여겨질 수 있는데, 내용을 실생활에 적용하기 쉽게 대본으로 바꿔 본다면 학생들은 더 쉽고 자연스럽게 받아들일 수 있다.

 ## 어떻게 진행하나요?

☑ 준비물 : 『어린이를 위한 정의란 무엇인가』 책, 이야기를 연극으로 바꾼 대본
☑ 수업 대형 : 평소 수업하는 자리에서 바로 진행할 수 있다. 학생들이 서로 마주 보고 대화하기 좋은 형태인 ㄷ자 대형이 최적이다.

1. 먼저 교사가 이야기를 들려준다. 각자 읽어 보게 해도 괜찮다.
2. 교사의 이야기를 듣고 내용을 확인하는 기본적인 질문을 나눈다.
   • 이야기 속 덕만이는 어떤 친구인가요?
   • 이야기에서 어떤 문제가 있었나요?
3. 극본 학습지를 나눠 주고 역할을 나눠 연극 연습을 한다.

4. 연습 후에 등장인물에 대한 이야기를 나눈다.

• 덕만이의 역할을 맡아 보니 덕만이는 어떤 심정이었을 것 같나요?

• 덕만이의 친구가 되어 보니 덕만이는 어떤 친구인 것 같나요?

5. 등장인물의 입장이 되어서 할 수 있는 활동을 한다.

• 등장인물의 입장이 되어 인터뷰하기

• 등장인물이 되어 일기 쓰기

• 다른 등장인물에게 편지 쓰기

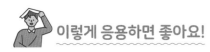 이렇게 응용하면 좋아요!

◑ 활동 전 준비 사항

1. 이야기를 대본으로 바꿔 볼 것이기 때문에 사전에 내용 파악이 잘될
   수 있도록 독서 후 내용 확인 질문을 하면 좋다.

2. 학생들이 등장인물의 성격을 잘 살릴 수 있도록 어조, 행동 등의 연기
   를 지도하면 좋다.

◑ 기타 진행 Tip

1. 저학년의 경우 대본으로 바꾸는 것 자체가 어려워서 시간이 오래 걸
   릴 수 있기 때문에 미리 대본을 만들어서 제공하는 게 좋다.

2. 고학년의 경우 대본을 스스로 바꿀 수 있게 해 주되, 이야기 속에서 강
   조되어야 할 부분은 무엇인지를 사전에 안내하여 대본에서 잘 드러날
   수 있도록 지도한다.

◑ 적용할 수 있는 추천 도서 및 활용 예

1. 어린이를 위한 정의란 무엇인가(안미란 글, 주니어김영사)

2. 인성의 기초를 잡아주는 처음 인문학 동화 시리즈(주니어김영사)

3. 초등 인문학 동화 시리즈(꿈꾸는초승달)

 아이들과 활동 소감을 나눠요!

- 이야기 속의 인물이 되어서 연기하니 더 이해하기 쉬웠다.
- 인물의 기분이 어떤지를 알 수 있었다.
- 나라면 어떻게 할지 더 구체적으로 말할 수 있었다.

성우가 되어 보자

독서 수업 적용

독서 준비	독서	독서 후
	▦	▦

독서 수업에서 요구하는 역량

비판적 창의적 사고	자료 정보 활용	의사소통	공동체 대인관계	문화 향유	자기성찰 계발
▦			▦	▦	

라디오에서 진행자가 청취자의 사연을 읽어 줄 때 그 사연과 어울리는 배경 음악이 흐르면 사연이 더 생동감 있게 다가온다. 또 시 낭송회를 가 보면 그 시의 분위기에 맞는 음악을 틀어 낭송의 느낌을 살리기도 한다. 이 방법에 착안하여 학생들에게 선택한 시에 알맞은 음악을 고르도록 하고, 그 음악에 맞춰 시 낭송 활동을 해 본다. 이 방법은 시를 감상한 후 느낀

초등 독서 수업

점을 말로 표현하는 것에 한계가 있는 학생들이 폭넓게 표현할 수 있도록 도움을 준다. 시 낭송을 녹음한 후 함께 들어 보면서 시를 어떻게 느꼈는지 이야기를 나누면 시 감상의 즐거움을 알아갈 수 있다.

 어떻게 진행하나요?

☑ 준비물 : 시집, '내가 좋아하는 시' 활동지, 스마트폰 또는 태블릿 PC, 녹음 기능이 가능하고 소리를 들을 수 있는 기기

1. 본인이 좋아하는 시를 고른다.

2. 본인이 좋아하는 시를 활동지에 적고 그 느낌을 친구들과 나눈다.

- 시가 주는 느낌, 분위기가 어떠한가요?
- 이 시는 어떤 상황에서 쓰인 것 같나요?
- 이 시에 어울리는 음악은 어떤 음악인가요?
- 이 시는 어떤 목소리로 낭송하면 좋을까요?

3. 시에 어울리는 음악을 골라 시 낭송을 연습한다.

4. 음악에 맞춰 시 낭송을 녹음한다.

5. 친구들의 시 낭송을 들으며 소감을 나눈다.

이렇게 응용하면 좋아요!

1. 좋아하는 시를 고를 때 다 함께 도서관에 가서 시집을 살펴보며 고를 수 있는 시간을 주는 것도 좋다.

2. 같은 시를 고를 수도 있고, 시는 달라도 같은 음악을 고르는 학생들이 있다. 학생들의 시 낭송을 비교해 볼 수 있는 재미도 있다.

3. 음악 애플리케이션을 활용할 경우 비용이 발생할 수 있기에 대부분 유튜브에 있는 음악을 활용한다. 이때 저작권 교육을 위해 출처를 잘 적도록 지도한다.

4. 진도가 빠른 학생들의 경우는 '시에 알맞은 배경 디자인하기' 활동을 더할 수도 있다. 스마트 기기 활용에 능숙한 학생들의 경우에는 시에 대한 배경 그리기를 한 후 스마트폰 애플리케이션인 '비바 비디오' 또는 '키네마스터'를 활용해서 영상물을 제작할 수도 있다.

5. 학교에 방송실이 있는 경우 학급이 예약하여 녹음 활동을 한다면 학생들은 더욱 진지하게 시 낭송 활동에 임할 수 있다.

6. 고학년은 교사 앞에서 시 낭송 연습하는 모습을 보여 주는 것을 부끄러워하는 경우가 많다. 그럴 때 친구와 함께 연습하도록 하면 상호 학습이 가능해 더 좋은 효과가 있다.

◑ 적용할 수 있는 추천 도서 및 활용 예

1. 참 좋다! 동시 시리즈(명작동시선정위원 편, 예림당)

2. 100년 후에도 읽고 싶은 한국명작동시(한국명작동시선정위원회 편, 예림당)

3. 시 읽는 어린이 시리즈(이성자 편, 청개구리)

아이들과 활동 소감을 나눠요!

- 시를 읽고 그에 맞는 음악을 고르니까 시 낭송이 즐거웠다.

- 음악을 고르는 활동을 하니 실제 디제이가 된 것 같았다.

- 시가 더 실감 나게 다가오는 것 같다.

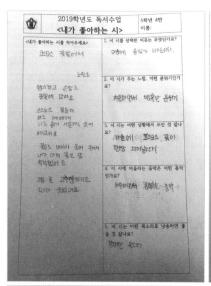

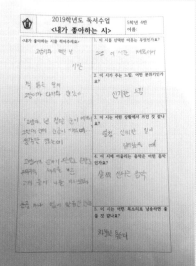

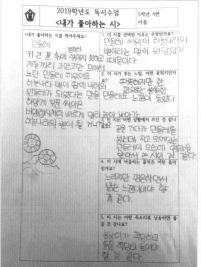

초등 독서 수업

친구에게
집을 만들어 줘

독서 수업 적용

독서 준비	독서	독서 후
	■	■

독서 수업에서 요구하는 역량

비판적 창의적 사고	자료 정보 활용	의사소통	공동체 대인관계	문화 향유	자기성찰 계발
	■		■	■	

소설을 읽다 보면 등장인물이 살던 곳을 상상하는 재미에 빠질 때가 있다. 그 공간을 실제로 만들어 본다면 어떨까? 학생들과 이야기 속으로 들어가 인물이 살던 공간 또는 그 인물에게 해 줄 수 있는 것을 직접 만들어 보는 활동을 진행해 본다. 메이커 교육은 아이디어 생각하기 – 구상하기 – 제작하기 – 공유하기 활동으로 구성된다. 최근 많이 활용되는 메이

커 교육과 독서교육을 결합한 수업으로, 학생들에게 자립심과 협동심을 키우는 데에도 도움을 준다.

 ## 어떻게 진행하나요?

☑ 준비물 : 신발 상자 크기의 상자, 본인이 꾸미고 싶은 재료는 어떤 것이든 가능

1. 『별을 헤아리며』(로이스 로리 글, 양철북) 책을 읽고 '인상 깊은 장면 만들기' 또는 '그 인물을 위한 공간 만들기' 프로젝트를 하기에 앞서 사전 활동을 진행한다.

- 인물, 사건, 배경을 정리한다.
- 인물이 사건을 해결하기 위한 방안을 이야기한다.(무엇이 필요할까요?)
- 프로젝트를 하기 위해서 필요한 도구를 이야기해 본다.
- 만들기를 위한 주의사항을 정리해 본다.

2. 각자 필요한 재료들을 가져와 메이킹 활동을 진행한다.

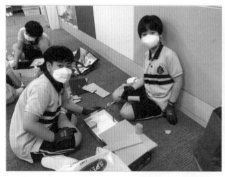 

초등 독서 수업

3. 메이킹 활동 후 상호 작품을 감상한다. 발표할 때 카메라로 찍은 작품 사진을 보여 주면 더 원활한 감상이 이루어질 수 있다.

 이렇게 응용하면 좋아요!

1. 글루건, 3D펜을 사용할 때는 장갑을 착용하고 작업할 수 있도록 지도 한다.
2. 상자를 칼로 자르는 것이 어려울 때가 있다. 상자 전용 커터를 활용하 면 더 편리하게 자를 수 있다.
3. 미리 계획을 세우고 만들기를 할 수 있도록 구성하기 시간을 반드시 갖도록 지도한다.
4. 친구들이 서로의 작품을 충분히 볼 수 있도록 교실에 전시해 둔다.

 아이들과 활동 소감을 나눠요!

• 책을 읽으면서 생각하고 상상하며 지나간 부분을 직접 만들어 보니 더욱 구체적이고 현실적인 느낌을 받았다. 그래서 마치 엘렌의 집에 다녀온 적이 있는 것처럼 느껴졌다. 엘렌의 부모님 방을 만들 때 우리 부모님 방을 어떻게 꾸며 주면 좋을지 생각할 수 있는 시간이기도 해 서 좋았다.
• 친구들과 협동하며 만들 때 의견이 달라서 힘들었고, 글루건에 데어 아픈 적도 있었지만, 막상 완성시키고 나니 무척 뿌듯했다. 엘렌과 유

대인들이 이 공간을 잘 이용했으면 좋겠다. 여기에는 침대도 많고, 바깥 상황을 알려 주는 TV도 있고, 독일군이 쳐들어오기 전 문에 가까워지면 울리는 알림 장치도 있으니 안심하고 안전하게 지내기를 바란다.
• 친구와 협동해서 만들 수 있어서 좋았다. 엘렌이 이 집에서 꼭 살아남을 수 있었으면 좋겠다.

작품 제목 : 엘렌의 집
만든 학생 : 조수아

가장 기본적으로 있어야 할 화장실과 침실을 배치해 두었고, 의식주를 해결해야 한다는 생각에 부엌까지 만들었다.

작품 제목 : 엘렌의 집
만든 학생 : 안주현

거실과 부엌, 부모님과 엘렌의 방으로 나누어 만들었다. 검정색 책상 위에는 맛있는 샌드위치 3개, 뒤에는 가스렌지와 세면대가 있다. 거실에는 빨간 커튼이 있고, 비밀 장소로 통하는 움직이는 책장이 있다. 엘렌의 방 안에는 램프와 주황색 침대가 있으며, 선반 위에는 귀여운 곰인형이 있다. 부모님 방 안에는 커다란 빨간 침대가 있다. 독일군이 침입해 올 수도 있다는 생각에 독일군 모형도 만들어 놓았다.

초등 독서 수업

작품 제목 : 뛰어가는 안네마리
만든 학생 : 윤서영, 정아라

총 3개의 상자를 갖고 만들었다. 하나는 숲으로 쓰고, 하나는 집으로, 상자 뚜껑으로는 2층 침실을 만들었다. 집에는 신발장, 소파, 싱크대, 책상, 의자가 있고, 계단도 있다. 침실에는 침대와 옷장이 있다. 숲에는 나무와 길이 있는데, 안네마리가 꾸러미를 가지고 나오는 장면을 담았다.

작품 제목 : 치유의 집
만든 학생 : 김민정, 서지안

1층은 평소 생활하는 공간이다. 1층에는 침대, 식탁, TV 등이 있다. 2층으로 올라가는 사다리가 있는데, 사다리는 지문을 찍고 올라갈 수 있다. 2층은 치유의 공간이다. 침대와 침낭이 여러 개 있고 기분이 좋아지는 꽃들이 있다. 3층은 숨어서 생활하는 공간이다. 3층엔 긴 바닥 침대와 식탁, TV가 있다. 탈출할 수 있는 뒷문도 있고, 유통기한이 넉넉한 음식도 아주 많이 있다.

제목 : 엘렌의 집
만든 학생 : 김종현, 이시우

1층에는 2층으로 가는 길이 있고, 왼쪽 끝에 계단을 올라가면 문이 있는데 그걸 열면 숨을 수 있는 비밀 벙커가 있다. 문이 또 있는데 그걸 열면 밖으로 나갈 수 있는 사다리가 있다. 독일군이 왔을 때 몰래 빠져나갈 수 있는 집이다.

내가 만약에

독서 수업 적용

독서 준비	독서	독서 후
		■

독서 수업에서 요구하는 역량

비판적 창의적 사고	자료 정보 활용	의사소통	공동체 대인관계	문화 향유	자기성찰 계발
■		■	■		■

독서를 하며 깊이 있는 감상 방법 중 하나가 작품 속 인물이 되어 보는 것이다. 그러면 인물에 대해 더 깊이 이해할 수 있을 뿐만 아니라, 작품에 더 몰입하여 감상할 수 있다. 작품 속 인물이 되어 인터뷰를 진행하다 보면 인물의 성격이 드러나게 표현해야 하는데, 이는 연극 활동과도 연계할 수 있다. 그 과정에서 자신을 성찰하는 계기를 만나기도 한다.

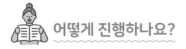 **어떻게 진행하나요?**

☑ 준비물 :『잘못 뽑은 반장』책, 인터뷰 활동지, 동영상을 찍을 수 있는 전자 기기

☑ 수업 대형 : 평소 수업하는 자리에서 바로 진행할 수 있다. 학생들이 서로 마주
보고 대화하기 좋은 형태인 ㄷ자 대형이 최적이다.

1. 책을 읽고, 되어 보고 싶은 인물을 선택한다.
2. 내가 선택한 인물의 성격을 분석하고, 그 인물의 성격이 드러난 말이
　나 행동을 책에서 찾아본다.

3. 학생들이 직접 성격을 적고, 근거가 될 만한 말과 행동을 적어 보면서
   인물을 분석할 수 있다. 분석한 내용을 바탕으로 인터뷰할 때 자신은
   어떤 행동, 억양을 살려 말할지를 미리 정해 본다.

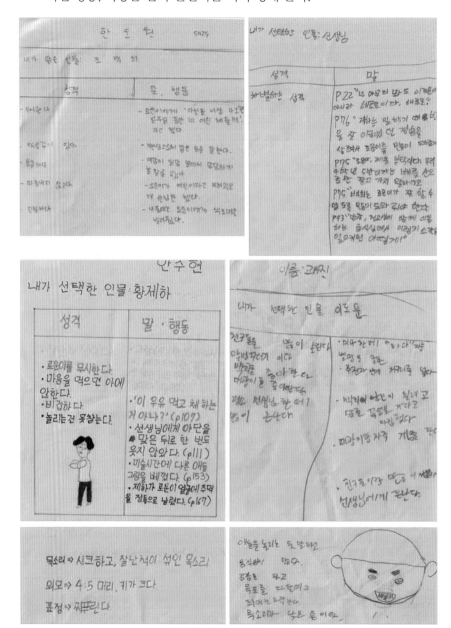

4. 인터뷰를 위해 다른 등장인물에게 묻고 싶은 질문 내용을 완성한다.

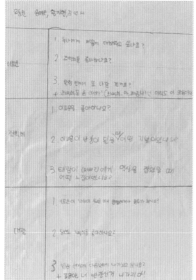
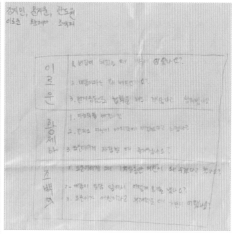

5. 인터뷰를 진행하고 그 내용을 동영상으로 촬영한다.

 이렇게 응용하면 좋아요!

◑ 독서 후 활동

1. 독서 후 등장인물을 이해하고 내용을 정리하는 활동으로 활용할 수 있다.

2. 일반적으로 하는 독서 후 연극 활동과는 다르게 수업할 수 있다.

◑ 기타 진행 Tip

1. 인물 분석이 사전에 잘 이루어져야 인터뷰 진행이 원활하다.

2. 학생들의 모습이나 생활이 투영된 작품을 활용하면 좋다.

◑ 적용할 수 있는 추천 도서 및 활용 예

1. 양파의 왕따 일기(문선이 글, 푸른놀이터)

2. 잘못 뽑은 반장(이은재 글, 주니어김영사)

3. 우리들의 일그러진 영웅(이문열 글, 다림)

 아이들과 활동 소감을 나눠요!

- 인터뷰이가 되어 촬영까지 해 보니 진짜 그 인물이 된 것 같았다.
- 작품 속 인물이 되어 보니 남을 무시하는 행동을 하면 안 된다는 생각이 들었다.
- 인터뷰 활동을 촬영해서 친구들 것과 비교해 보니 내가 미처 발견하지 못한 부분도 알 수 있어서 좋았다.

친구와 함께
이야기 속으로

독서 수업 적용

독서 준비	독서	독서 후
	■	■

독서 수업에서 요구하는 역량

비판적 창의적 사고	자료 정보 활용	의사소통	공동체 대인관계	문화 향유	자기성찰 계발
	■	■	■		

대면 수업이 어려운 원격 수업 상황에서도 모둠 활동은 얼마든지 가능하다. Zoom에 있는 소회의실 기능이나 구글에 있는 기능을 활용하면 모둠 활동이 충분히 가능할 뿐만 아니라 더 편리한 점도 있다. 학생들의 활동 과정을 한눈에 볼 수 있고, 교사가 중재자 역할을 할 수 있다. 구글에 있는 Jamboard를 활용해서 이야기의 뒷내용을 함께 만들어 보자.

어떻게 진행하나요?

☑ 준비물 : 태블릿 PC, 스마트폰, 컴퓨터 등 전자 기기

1. 태블릿 PC 또는 스마트폰은 app store/Play store에서 Jamboard를 다운받는다. 태블릿 PC나 스마트폰으로 Jamboard를 실행할 때 키보드 입력이 잘 안 될 수 있다. 그래서 그림을 그리는 경우가 많다.

2. 소회의실을 만든다. 3~4명을 배정한다.

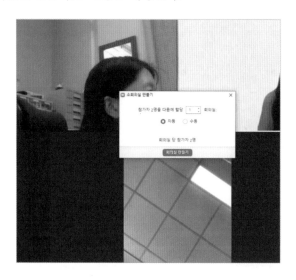

3. 학생들 중 한 사람이 친구들의 이메일을 받아서 자신의 Jamboard를 공유한다.

   ※이때 구글 계정이어야 가능하며, 반드시 편집자로 선택해야 한다.
   공유받은 사람은 gmail에서 확인한다.

초등 독서 수업

클릭

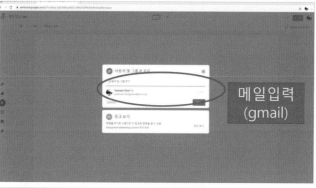

메일입력
(gmail)

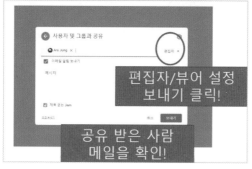

편집자/뷰어 설정
보내기 클릭!

공유 받은 사람
메일을 확인!

 이렇게 응용하면 좋아요!

1. 동시에 접속해서 작업하기 때문에 약간 시차가 있다. 각자 기록해 놓
   은 것들이 삭제되는 경우가 있어 처음 해 보는 경우 2인 1조로 하는

것이 더 좋다.

2. 만일 학생들이 공유하는 것이 어려운 경우, 교사가 먼저 모둠 수에 맞는 Jamboard를 만든 다음에 학생들을 초대하는 방법도 있다.

아이들과 활동 소감을 나눠요!

- 온라인 수업에서도 친구들과 협동해서 무언가를 만들 수 있다는 점이 좋았다.
- 처음에는 Jamboard를 사용하는 방법이 어려웠는데 익숙해지니까 재미있었다.
- 친구들이랑 이야기를 만드니까 재미있었다.

작품1 : 이서빈, 정상빈, 정아라, 한수윤
작품2 : 송지후, 신정원, 이시우, 이지호
작품3 : 정찬원, 정유안, 이효준, 이지환
작품4 : 김민재, 김민정, 김지연

7장

놀이 활동
중심의
독서 수업

상호작용은 주어진 환경에서 다른 사람이나 사물과 서로 관계를 맺는 모든 과정과 방식을 말한다. 교실에서의 활발한 상호작용은 학생들의 성취도에 긍정적인 영향을 미치며, 이는 나아가 학급 전체의 성장과 변화로 이어진다.

놀이 활동은 자신의 생각과 감정을 글이나 언어로 표현하는 데 서툰 학생들에게 의사소통의 수단이 되며, 미처 표현하지 못한 내면을 들여다보고 치유해 줄 수 있는 대화 방법이 될 수 있다. 놀이 활동을 하는 동안 다른 친구들의 행동을 모방하고, 다양한 상황을 탐험하고 되풀이하면서 실험하기 때문이다. 외부의 강압이 아닌 내적 동기에 의해 즐기는 것이므로 부적응의 갈등을 해소하고, 세상을 이해하는 수단으로써 학습 효과에도 긍정적인 영향을 미칠 수 있다. 따라서 놀이 활동은 학생들의 지적 성장뿐만 아니라, 정서적·신체적·사회적 성장을 촉진시키고, 원만한 인성 발달을 돕는 중요한 요소로 작용한다. 더불어 참여자가 이미 지니고 있는 다양한 관점과 능력, 성취를 점검할 수 있게 한다. 개인적이고 생산적인 상호작용 놀이 활동 과정에서 참여자의 잠재된 자원과 능력이 발휘되기 때문이다.

놀이 활동은 초등학교 현장에서 학생들이 가장 선호하는 활동으로 실제 수업에서도 적극적으로 참여하고, 수업이 끝난 후에도 제일 기억에 남는 것으로 꼽는 경우가 많다. 학생들은 놀이 활동의 방법과 그때의 상황을 정확하게 기억한다. 의도적으로 가르치지 않아도 자연스럽게 학습이 이루어지고, 집중력과 몰입도가 높아지기 때문이다. 이는 놀이 활동 자체가 이미 학습 동기를 충분히 부여하고 있음을 의미하는 것이다.

놀이 활동이 가진 교육 효과는 다음과 같다.

첫째, 놀이 활동은 놀이 자체가 목적인 즐거운 활동이다. 놀이 활동은 교육을 자유롭고 즐거운 것으로 회복시켜 준다.

둘째, 놀이 활동은 수동적인 학생들도 자발성과 창의성을 갖춘 독립적인 인간으로 참여할 수 있게 한다.

셋째, 놀이 활동은 독립성과 함께 공동체 의식을 개발시켜 준다. 친구들과의 교류는 그 어떤 교육보다 높은 학습의 가능성을 제공하기 때문이다.

넷째, 놀이 활동은 자유·자율·질서·절제·책임의식에 대한 학습 기회를 제공한다.

다섯째, 놀이 활동은 몸의 참여를 촉진시킨다.

여섯째, 학생들이 가진 놀이 활동 경험을 실생활에 적용할 수 있게 한다.

일곱째, 놀이 활동은 재미없는 학교, 즐겁지 않은 수업, 무질서한 학생을 변화시킬 수 있는 힘을 가지고 있다.

하지만 모든 놀이 활동 경험이 성장에 긍정적으로 작용하는 것은 아니기 때문에 상호작용 놀이 활동이 보다 교육적이고 가치 있는 활동이 되기 위해서는 목적에 부합하는 놀이 활동을 개발하고, 실행하기에 적합한 환경을 조성하여 체계적이고 효율적인 지도가 요구된다.

독서를 어렵고 하기 싫은 것으로 생각하는 학생들이 많다. 책을 많이 읽고 좋아하는 학생들을 관찰해 보면 독서를 놀이로 생각하는 경우가 많았다. 쉬는 시간 친구들과 보드게임, 공기놀이를 하는 것만큼 독서를 좋아하는 학생들은 쉬는 시간 종이 치자마자 이전에 읽던 책을 펼치며 몰두한다.

즐거움을 위한 독서는 그 자체가 놀이다. 즐거움을 위한 독서를 하는 동안 학생들은 자율적으로 책을 읽고, 몰입하고, 시공간의 제약에서 벗어난다. 라틴어인 'Ludo'는 '나는 놀이한다(I play)'라는 뜻으로, 여기서 나온 것이 '놀이 독서(Ludic reading)'이다. 놀이 활동이 그 자체에 몰두하여 참여하게 되는 것처럼 즐거움 때문에 학생들은 의욕을 가지고 독서에 참여하게 된다. '독서'라는 말이 지닌 엄숙하고 권위적인 분위기에서 벗어나, 보다 친근감을 갖고 다양한 각도에서 책을 감상하려는 시도이다.

우리나라의 독서 문화는 선진국에 비해 턱없이 뒤처진다. 2015 국민 독서 실태 조사*에 의하면 본인의 독서량을 스스로 평가한 결과 성

---

* 문화체육관광부, 성인 5,000명 및 학생 3,000명(초·중·고 각 1,000명)을 대상으로 2015.10.16.~11.24. 조사

초등 독서 수업

인 64.9%, 학생 51.9%(초 30.1%, 중 53.7%, 고 68.0%)가 본인의 독서량이 부족하다고 인식하였으며, 실제로 조사한 연간 독서량은 성인 9.1권, 학생 29.8권(초 70.3권, 중 19.4권, 고 8.9권)으로 나이가 들수록 독서량이 크게 줄고 있는 것으로 나타났다. 평소 독서를 어렵게 하는 요인으로 학생의 31.8%가 '공부 때문에 시간이 없어서'라고 답하였고, 이어서 24.1%가 '책 읽기가 싫고 습관이 들지 않아서'라고 대답하였다.

독서교육에 대한 노력이 끊임없이 이루어지고 있는데도 이러한 결과가 나타난 것은 학교 현장에 새로운 독서교육의 방향이 필요함을 시사한다. 학교에서 이루어지는 대부분의 독서교육은 독서의 인지적인 측면을 강조하는 경우가 많다. 또한 강제적이고 타율적으로 진행되면서 학생들에게 즐거운 독서 경험을 제공해 주지 못하는 문제점도 가지고 있다.

놀이는 무엇을 기준으로 삼느냐에 따라 다양하게 분류할 수 있다. 우선 인지 발달 측면의 놀이 유형을 살펴보면 Frost&Klein(1979)은 인지 단계에 따라 기능 놀이, 구성 놀이, 상징 놀이, 사회극적 놀이, 규칙이 있는 게임으로 분류하여 제시하였다. 단계별 특징은 다음과 같다.

[Frost & Klein의 인지적 놀이 발달 단계]

놀이 형태	특징
기능 놀이	감각운동기의 영아가 기능적인 즐거움을 위해 반복적으로 되풀이하는 단순한 놀이 행동을 뜻한다. 흔들거리는 장난감이 움직이게 된 것을 기뻐하며 이 행동을 반복한다.
구성 놀이	기능적 활동으로부터 창조적 활동으로의 전환을 의미한다. 다양한 놀잇감을 활용하여 무언가를 창조하는 놀이를 시작한다. 자동차 만들기, 성 쌓기, 터널 만들기 등이 있다.
상징 놀이	인지적으로 불균형한 상태에서 현실을 자신의 욕구와 동화시키게 되는데, 이러한 동화의 실례가 상징 놀이이다.

사회극적 놀이	상징 놀이가 더 발달한 단계로, 한 명 이상의 친구와 함께 참여하는 놀이다. 현실 세계에서 직접 경험한 상황이나 인물의 역할을 모방하는 사회극적 놀이는 몰입, 통제, 융통성, 추상적 사고 등 간접적 학습의 효과가 있다.
규칙이 있는 게임	유아의 인지 발달 단계가 전조작기에서 구체적 조작기로 전환되면서 놀이에 새로운 차원이 첨가된다. 미리 정한 규칙에 따라 두 명 이상의 유아가 상대와 경쟁하면서 승부를 겨루게 되는데, 규칙이 있는 게임은 경쟁을 포함하고 있기 때문에 외부적인 목적이 생긴다.

한국행동과학연구소(1985)는 놀이의 내용에 따라 종합 놀이, 창작 놀이, 상상 놀이, 탐구 놀이, 학습 놀이, 대근육 놀이로 구분하여 제시하였다. 각 유형별 특성은 다음과 같다.

[한국행동과학연구소의 놀이 형태 분류]

놀이 형태	특징
종합 놀이	물놀이, 점토 놀이, 목공 놀이, 음식 만들기 등의 놀이로 하나의 협동 과정을 거쳐서 여러 가지 목표를 동시에 달성시키는 활동을 말한다.
창작 놀이	다양한 자료를 그리고, 꾸미고, 만들어 보는 과정을 통해 아동이 느끼고 생각한 바를 표현해 보는 놀이다. 이러한 놀이를 통하여 아동은 형태에 따른 지각, 공간 개념, 색채 감각, 질감, 도구의 사용 방법 등을 배우며, 상상력을 키우고, 자신의 감정을 자유롭게 표현하는 경험을 할 수 있다.
상상 놀이	놀이 속에서 엄마도 되어 보고 아빠도 될 수 있는 것처럼 하루에도 여러 번 역할을 바꾸어 가며 성인의 세계를 모방하고, 그 느낌을 놀이에 반영한다. 이러한 놀이는 아동의 상상력을 발달시켜 창작 활동의 기쁨을 맛보게 하고, 억제된 감정을 완화시킨다.
탐구 놀이	냄새를 맡거나 만져 보고, 뜯어 보는 등의 진리와 지식을 추구하는 모든 과학적 탐구 활동을 말하는데, 이 활동을 통하여 과학적인 태도를 형성하게 된다.
학습 놀이	모든 일들이 아동에게는 학습의 과정이 되지만, 특히 인지, 언어, 수 개념 학습에 도움이 되는 놀이를 모아 학습 놀이라 한다.
대근육 놀이	높은 곳에서 뛰어내리거나 발을 구르는 행동을 말하며, 이를 통해 신체 기능을 향상시키고, 자신감을 갖게 되며, 정서적 긴장감을 해소시킨다.

독서지도의 제일 효과적인 방법은 독서가 가져다주는 즐거움을 발견

초등 독서 수업

할 수 있도록 하는 것이다. 어떠한 것에 즐거움을 느낀다면 학생들은 자발적으로 그것에 참여하게 될 것이다. 독서 태도와 습관 형성이 결정적으로 이루어지는 초등학생 시기에 학생들이 자발적인 독서가로 성장하기 위해서는 학교 차원에서 긍정적인 독서 경험을 제공하는 프로그램이 구안되어야 한다.

인배사(인물-배경-사건) 카드 놀이

독서 수업 적용

독서 준비	독서	독서 후
		■

독서 수업에서 요구하는 역량

비판적 창의적 사고	자료 정보 활용	의사소통	공동체 대인관계	문화 향유	자기성찰 계발
■	■	■			

책을 읽은 후 인물, 사건, 배경(인물의 특징 및 성격 등)에 대해 모둠별로 함께 토의하여 정리하고, 이를 바탕으로 카드를 만들어 놀이를 진행한다.

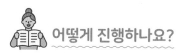

어떻게 진행하나요?

☑ 준비물 : 코팅된 카드지, 보드 마커, '인배사' 활동지

☑ 수업 대형 : 모둠별 활동으로 모둠이 둥근 형태로 앉게 한다.

인물	배경(성격 또는 특징 등)	사건

[인배사 활동지]

1. 모둠별로 활동지를 작성한 뒤 인물, 사건, 배경 카드를 준비한다.

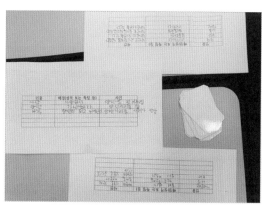

2. 준비한 카드에 앞서 작성한 틀에 적힌 것을 옮겨 적는다.

3. 카드를 인물, 사건, 배경 각 2장씩 나눠 가진다.

 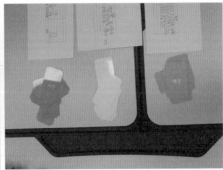

4. 본격적인 게임을 시작하기 전에, 세트가 맞는 게 있다면 먼저 내려놓을 수 있다.

5. 사회자의 구령에 맞춰 인물, 사건, 배경 중 자신의 카드는 오른쪽에 있는 친구에게 주고, 왼쪽에 있는 친구의 것을 하나 받는다.

6. 짝이 맞는 카드가 있다면 내려놓는다.

7. 먼저 모든 카드를 내려놓는 친구가 승리!

 이렇게 응용하면 좋아요!

1. 학급별 인원 혹은 모둠 인원에 맞게 카드 수의 조정이 가능하다. 2세트가 아닌 3세트나 4세트로 하며, 난이도를 조정할 수 있다.

2. [변형 게임❶] 카드를 모두 바닥에 뒤집어서 내려놓아, 메모리 게임으로 즐길 수도 있다.

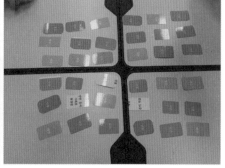

3. [변형 게임❷] 한 종류만 가지고 게임 시작하기

① 모둠을 3명으로 조정한 뒤, 한 명의 친구가 인물, 사건, 배경 중 한 종류의 카드를 모두 들고 게임을 시작한다. 그 뒤의 게임 규칙은 기본

게임과 같다.

② 모둠을 4명으로 할 경우에는 한 명을 뽑아서 사회자를 시키거나, 그 한 명만 세 종류의 카드를 모두 2장(혹은 3장)씩 들고 있을 수 있도록 한다(다른 친구들에 비해 훨씬 유리함).

4. [변형 게임❸] 사회자의 구령 없이 자신이 원하는 카드를 마음대로 골라서 뽑을 수 있게 한다. 자신의 턴에서 오른쪽 친구의 카드 중 원하는 카드를 가져올 수 있다. (단, 이때 주의할 점은 내용은 보지 못하게 잘 가리고 있어야 한다. 가져오는 친구는 오로지 인물-사건-배경 중 선택권이 있는 것이지, 내용까지 선택권이 있는 것은 아니다.) 그리고 자신이 필요 없는 카드는 자신이 카드를 가져온 친구에게 하나 준다. 나머지는 기본 게임과 규칙이 같다.

5. 학생들이 카드를 직접 작성하는 데 어려움을 느낀다면, 게임 전 미리 틀을 작성할 때 토의하여, 모든 학생이 카드에 같은 내용을 적게 할 수 있다.

6. 보드 마커로 학생들이 직접 작성할 경우, 카드 게임을 하다 보면 지워질 수 있다. 따라서 교사가 미리 카드를 만들어 둘 수도 있다.

아이들과 활동 소감을 나눠요!

- 평소 즐겨 하던 카드 게임을 응용해서 독서 활동으로 만나니 좋았고 재밌었다.

- 내가 원하는 카드를 뽑기 위해 집중하다 보니 인물-사건-배경의 관계에 더욱 집중할 수 있었다.

- 주요 인물이 아닌 다른 인물들에게도 관심을 갖게 되는 독서 활동이었다.

내(네) 꿈을 찾아서

독서 수업 적용

독서 준비	독서	독서 후
▦		▦

독서 수업에서 요구하는 역량

비판적 창의적 사고	자료 정보 활용	의사소통	공동체 대인관계	문화 향유	자기성찰 계발
			▦	▦	▦

자신의 미래나 진로, 직업, 꿈과 관련된 책을 읽기 전, 또는 읽은 후에 활동할 수 있다. 자신의 꿈(버킷리스트)을 작성하고, 이를 다른 친구가 찾아주는 활동을 통해 자신의 꿈을 정립하고, 다른 친구의 꿈도 알아보는 기회가 된다.

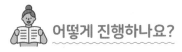 **어떻게 진행하나요?**

✔ 준비물 : '버킷리스트' 활동지, 포스트잇

1. 각자 [내 인생의 버킷리스트 활동지]를 채운다. 이때 '찾았니?'는 제외
   하고 작성한다.
2. 작성이 끝난 사람은 포스트잇에 자신의 버킷리스트를 적는다. 단, 포
   스트잇 한 장에 1개씩만 적는다.
3. 다 적었다면 정해진 장소에 포스트잇을 자유롭게 붙인다.

4. 버킷리스트 활동지를 섞어서, 자신의 것을 제외하고 다른 사람의 것을 가져간다.

5. 다른 사람의 버킷리스트를 보며 포스트잇을 찾는다. 찾았다면 포스트잇을 떼고 '찾았니?'에 ○표시를 한다.

 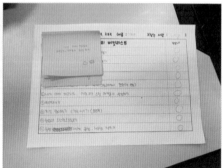

 이렇게 응용하면 좋아요!

1. 꼭 꿈이 아니더라도 이런 형식의 놀이를 통해 다른 친구의 것을 찾는 활동을 하다 보면 학급 모든 친구들의 내용을 보는 기회를 갖게 된다.

2. [변형 게임❶] 상황을 반대로 만들어, 다른 친구가 내 것을 숨기고 내가 적은 꿈을 내가 찾는 형식으로 진행할 수 있다.

3. 비슷한 내용이 적혀 있는 경우가 있을 수 있으므로 꼭 활동지에 적은 그대로 포스트잇에 적는다.

초등 독서 수업

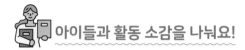 **아이들과 활동 소감을 나눠요!**

- 술래잡기를 하는 것 같아서 독서 활동이 아니라 체육 활동을 하는 기분이 들었다.
- 다른 친구들의 꿈을 찾으며 여러 친구들의 꿈을 알게 되었고, 친구들과 더 가까워지는 느낌이 들었다.
- 나의 진짜 꿈이 무엇인지 다시 한번 생각해 보는 시간이었다.

99초 미션

독서 수업 적용

독서 준비	독서	독서 후
■		■

독서 수업에서 요구하는 역량

비판적 창의적 사고	자료 정보 활용	의사소통	공동체 대인관계	문화 향유	자기성찰 계발
	■	■	■	■	

팀 활동이다. 99초 동안 책의 내용과 관련하여 제시되는 미션을 해결해야 한다.

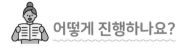
어떻게 진행하나요?

☑ 준비물 : 미션 활동지, 배턴

☑ 수업 대형 : 수행할 미션별로 활동 코너를 만들어, 이동하며 미션을 수행할 수
있도록 한다.

1. 팀별로 모여서 미션 활동지를 채운다. 이때 미션 활동지는 책 내용과
   관련 있는 것으로 한다.
   - 책을 펴서 나오는 숫자를 더해서 3~8 사이가 나오기(단, 20쪽 이상의
     숫자가 나오도록 책을 펼쳐야 함) ⟹ 116쪽 = 1+1+6=8 성공!
   - 코끼리 코 10바퀴 돌고 종이 쓰레기 박스에 내 총(모형)을 넣기
   - 제시된 미션 단어를 책에서 찾기
   - 내용 관련 퀴즈 풀기
   - 캐릭터 맞추기(설명 또는 그림을 보고)
   - 과녁 맞추기

2. 수비팀이 먼저 미션 활동에 맞게, 각 코너에 1명씩 위치한다.
3. 공격팀은 수비팀이 위치한 각 코너에 1명씩 위치한다.
4. 첫 팀원이 배턴을 들고, 첫 번째 코너에 가서 미션을 수행한다.
5. 미션에 성공하면 다음 코너까지 이동하여 배턴을 넘겨주고, 배턴을 받
   은 사람은 그 코너의 미션을 수행한다.
6. 99초 안에 모든 미션을 성공하여 골인 지점까지 오면 성공!

 이렇게 응용하면 좋아요!

1. 교사가 먼저 게임을 해 보고 미션의 난이도를 조정하여 조금씩 변형
   해 주도록 한다.

2. 책 내용과 관련 있는 미션을 수행할 수 있도록 한다. 이때, 머리를 쓰
   는 활동과 몸을 쓰는 활동이 적절히 섞이게 하면 좋다.

3. 미션 실패 시 처음부터 다시 하는 것이 어려울 경우, 실패한 친구가 성
   공할 때까지 도전할 수 있도록 해서 성취감을 느낄 수 있도록 한다.

4. 급한 마음에 안전사고가 발생하지 않도록 주의하고, 미션 실패한 친구
   에게 비난이 쏟아지지 않도록 당부한다.

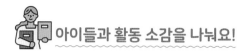 **아이들과 활동 소감을 나눠요!**

- TV에서 보던 것을 직접 해 보게 될 줄이야! 그것도 독서 활동으로!
- 우리 모두가 하나되어 미션을 해결하는 것에서 한 팀이 되는 *끈끈함*을 느꼈다.
- 내가 까먹은 시간을 다른 친구가 보완해 줄 때 고마움을 느낀다.
- 더욱 다양한 미션을 만들고 싶은 마음이 생길 정도로 푹 *빠졌다*.

책을
찾아서

독서 수업 적용

독서 준비	독서	독서 후
■		

독서 수업에서 요구하는 역량

비판적 창의적 사고	자료 정보 활용	의사소통	공동체 대인관계	문화 향유	자기성찰 계발
			■	■	

친구에게 자신이 좋아하는 책을 추천하고, 다른 친구가 추천하는 책을 찾는 활동을 놀이로 만들어 재밌게 할 수 있다.

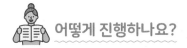 **어떻게 진행하나요?**

☑ 준비물 : 추천하는 책, 한 사람당 놀이에 참여하는 인원수만큼의 포스트잇, 교사는 미리 학생들의 추천도서 목록을 받아 학생 인원수만큼 프린트한다.

☑ 수업 대형 : 처음에는 각자 자리에서 놀이 준비를 한 후, 놀이 준비가 끝나면 밖으로 나가 운동장 등의 넓은 공간을 활용할 수 있도록 한다.

1. 자신이 감명 깊게 읽은 책 한 권을 정한다.
2. 나눠 준 포스트잇에 전체 인원수만큼 자기 책 제목을 쓴다.
3. 준비가 끝났다면 운동장으로 이동한다.

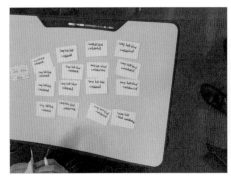

4. 정해진 구역 안에 자유롭게 자신이 적은 포스트잇을 붙인다.
5. 교사가 놀이 시작을 선언하면 각자 돌아다니며 운동장에서 추천도서 목록의 책 제목이 적힌 포스트잇을 찾아서 목록에 붙인다.

6. 한 권의 책은 한 장의 포스트잇만 찾을 수 있다.

7. 모든 책을 다 찾은 사람이 승리!

 이렇게 응용하면 좋아요!

1. 놀이 후 활동으로 찾은 책 중 가장 읽고 싶은 책을 골라서 친구와 돌려 읽기를 할 수 있다.

2. 놀이 활동 방식을 변형할 수 있다. 예를 들어, 자신이 적은 포스트잇을 다른 친구가 붙이게 해서, 내 포스트잇을 모두 찾는 활동을 할 수 있다. 이때 주의할 점은 내 포스트잇을 붙이는 친구가 어디에 붙이는지 주인은 볼 수 없게 해야 한다.

3. 너무 많은 인원이 동시에 참여할 경우 안전사고가 발생할 수 있다. 인원이 많을 경우엔 모둠별로 토너먼트 방식으로 진행하거나, 시간을 정해서 제한 시간 내에 가장 많은 포스트잇을 찾은 친구가 승리하는 방식으로 변경해도 된다.

초등 독서 수업

**아이들과 활동 소감을 나눠요!**

- 전혀 몰랐던 책들을 알게 되어서, 책을 고르는 폭이 넓어졌다.
- 친구들한테 책을 그냥 추천받는 것보다 게임으로 찾다 보니 훨씬 더 집중이 잘되고, 어떤 책들이 있었는지 모두 기억이 난다.
- 보통 몸으로 활동하면 운동 잘하는 친구들이 유리한데, 이건 그런 것 없이 모두가 공평한 조건에서 게임을 해서 좋았다.

친구야,
네 책 좀 보자!

독서 수업 적용

독서 준비	독서	독서 후
■		

독서 수업에서 요구하는 역량

비판적 창의적 사고	자료 정보 활용	의사소통	공동체 대인관계	문화 향유	자기성찰 계발
	■	■		■	

자신이 읽고 소장하고 있는 책 중 친구에게 추천하고 싶은 책을 정한다.
그 책을 한 권씩 가져와서 빙고 게임을 통해 다른 친구의 책과 교환하고,
정해진 기간 동안 읽고 돌려준다.

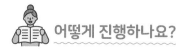 **어떻게 진행하나요?**

☑ 준비물 : 추천하는 책, '빙고 게임' 활동지

1. 각자 집에서 친구들에게 빌려 주고 싶은(소개하고 싶은, 공유하고 싶은)
   책을 가져온다.
2. 앞에 나와서 자신이 가져온 책을 소개한다.

3. 빙고 칸을 작성한다.
① 진열된 책 이름을 적는다.
② 모든 책의 이름은 꼭 들어가야 한다.
③ 내가 꼭 보고 싶은 책이 있다면, 한 권당 최대 5번까지 적을 수 있다.
4. 빙고의 1등부터 순서대로 자신이 원하는 책을 골라 간다.
5. 정해진 기간 내에 읽고, 책을 돌려준다.
6. 돌려줄 때는 친구에게 간단한 감사 쪽지를 적어서 돌려준다.

 이렇게 응용하면 좋아요!

1. 활동 후 읽은 책에 대해 짧게나마 감상문을 쓰게 할 수 있다.

2. 자신이 가져온 책을 소개하는 시간을 넉넉히 할애해 충분한 설명을 할 수 있도록 한다.

3. 꼭 빙고 형태가 아닌 다양한 방식으로 책을 고르게 할 수도 있다.

4. 책이 파손 또는 분실되지 않도록 당부한다.

 아이들과 활동 소감을 나눠요!

• 책을 추천받기만 하는 게 아니라, 바로 볼 수 있어서 더욱 좋았다.

• 빙고 게임에서 내가 보고 싶은 책을 고르는 데 유리한 조건이 들어가 있어서, 대부분의 친구들이 자기가 보고 싶은 책을 고를 수 있었다.

인물마불

독서 수업 적용

독서 준비	독서	독서 후
		■

독서 수업에서 요구하는 역량

비판적 창의적 사고	자료 정보 활용	의사소통	공동체 대인관계	문화 향유	자기성찰 계발
		■	■	■	

자신이 읽은 책의 등장인물을 심층 분석하여 특징 및 대사 등을 적은 것을 인물마불 판에 붙인다. 게임 진행은 '부루마불'과 같게 하되, 자신이 붙인 것만 뗄 수 있다. 이 게임을 통해 책의 내용을 한 번 더 되새겨 보는 시간을 가질 수 있다.

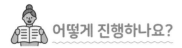 어떻게 진행하나요?

☑ 준비물 : 인물마불 판(전지에 모둠원이 힘을 합쳐 만든다), 포스트잇, 주사위, 말

☑ 수업 대형 : 모둠별 활동으로 모둠이 둥근 형태로 앉게 한다.

1. 자신이 감명 깊게 읽은 책 한 권을 정한다.

2. 등장인물의 이름 및 특징, 성격, 대사 등을 포스트잇에 적는다(5장). 주
   인공만 적어도 되고, 주변 인물을 포함해서 적어도 된다.

3. 모둠원이 번갈아 가며 자신이 적은 종이를 붙이고 싶은 칸에 붙인다.

4. 복불복 카드를 각자 적어서 뒤집어 낸다. 복불복 카드는 찬스가 될 수
   있는 카드 2장, 벌칙이 되는 카드 2장을 적어 낸다. 책과 관련이 없는
   내용이어도 상관없다.

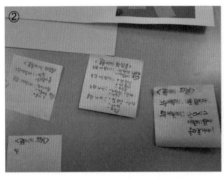

5. 부루마불과 동일한 규칙으로 게임을 진행한다.

6. 도착한 곳이 자신이 작성한 종이가 있는 곳이면, 책 이름과 인물의 이
   름을 말하며 종이를 뗀다.

7. 자신이 붙였던 종이 5장을 먼저 모으면 승리한다.

초등 독서 수업

 이렇게 응용하면 좋아요!

1. 책 한 권에서 등장인물을 1명씩 맡아서 게임을 진행할 수 있다. 그럼 책 한 권에 대해 더 깊이 있는 인물 분석이 이루어진다.

2. 자신이 붙인 종이를 떼는 방식을 변경할 수 있다. 예를 들어, 맨 처음 뗀 종이의 인물만 뗄 수 있다, 자신이 지정하는 인물을 적은 종이만 뗄 수 있다, 책의 종류와 관계없이 한 책당 2장까지만 뗄 수 있다 등으로 변경할 수 있다.

3. 등장인물과 관련한 것뿐만 아니라, 배경이나 사건 등으로 만들어서 할 수도 있다.

4. 게임이 과열되거나 논란이 생기는 것을 방지하기 위해, 인물마불의 세

부 규칙은 미리 협의할 수 있도록 한다.

아이들과 활동 소감을 나눠요!

- 부루마불과 주사위 게임을 결합시킨 독서 활동은 상상도 못했다!
- 게임에 집중하다 보면 저절로 내용 파악이 잘된다.

낱말 찾기

독서 수업 적용

독서 준비	독서	독서 후
■		

독서 수업에서 요구하는 역량

비판적 창의적 사고	자료 정보 활용	의사소통	공동체 대인관계	문화 향유	자기성찰 계발
	■			■	

책을 읽기 전, 훑어보기 활동의 일환으로 할 수 있는 놀이 활동이다. 개인 활동이기 때문에 쌍방향 원격 수업에서 활용할 수 있다. 학생들은 낱말을 찾는 활동을 통해 자연스레 책 전체를 가볍게 훑어보는 시간을 가질 수 있다.

 **어떻게 진행하나요?**

✅ 준비물 : 낱말 찾기 활동지, 필기구

✅ 수업 대형 : 개인별 활동

1. 모두가 공통된 책을 정한다. 가급적이면 출판사까지 같은 책이 좋다.
   같은 책이라도 출판사별로 내용이 약간씩 다르기 때문이다.

2. 교사의 신호와 함께 활동지를 채워 나간다.

① 자음에 맞는 낱말을 찾아 적는 활동이다.

② 나중에 확인하기 위해 페이지도 적도록 한다.

③ 자음 순서대로 찾을 필요는 없다.

④ 낱말은 기본형으로 적을 수 있도록 한다. 이를 통해 낱말의 기본형을
   익히는 연습도 할 수 있다.

3. 찾기 어려웠던 자음 낱말은 무엇이었는지, 학생들이 가장 많이 못 찾은 자음은 어떤 것이었는지 확인해 보는 시간을 가진다.

 아이들과 활동 소감을 나눠요!

- 온라인 수업에 맞는 적절한 활동 같았다.
- 웹캠이 없어도 되는 활동이라 좋았다.
- 자연스럽게 책을 훑어볼 수 있었다.
- 은근 경쟁 심리가 발동되어 짧은 시간에 집중할 수 있었다.

참고문헌

시작하며

기혜선, 정옥년(2020). 맞춤형 독서프로그램 개발을 위한 초중고 학생들의 읽기 효능감 분석, 학습자중심교과교육연구, 20(16), 297-317.

김승원. "21세기 핵심역량 '4C'를 아시나요?", 에듀진, 2019년 7월 17일자. https://www.edujin.co.kr/news/articleView.html?idxno=31304

손균욱(2020). 한 학기 한 권 읽기'에 관한 교사의 인식과 실행-초등학교 교사를 중심으로. 한어문교육, 41, 32-69.

안한상(2019), 책읽기의 행복한 경험, 영국 북스타트 운동, 행복한아침독서, 2019년 4월 1일자. http://www.morningreading.org/article/2019/04/01/201904010937001498.html

윤재열. "2015 개정 교육과정, 독서가 핵심", 한국교육신문, 2017년 8월 25일자. http://www.hangyo.com/news/article.html?no=82411

이삼형(2017). 학교 변화와 독서교육, 독서연구, 42, 9-28.

이연옥(2006). 학교 독서교육 정책에 대한 비판적 고찰, 한국도서관정보학회지, 37(3), 209-234

한국교육과정평가원(2018). OECD 국제 학업성취도 비교 연구(PISA 2018) 결과 발표.

John WIllinsky(1990). The New Literacy: Redefining Reading and Writing in the Schools, Routledge.

Lynn E. Nielsen(2012). Teaching from the Heart...It's about Max and Maureen. Childhood Education, 80(5), 266-268. doi.org/10.1080/00094056.2004.10522812

Palmer. J. Parker(1998). The courage to teach: Exploring the inner landscape of a teacher's life, San Francisco: Jossey-Bass.

Roberta M. Golinkoff, Kathy Hirsh-Pasek(2016), 최고의 교육: 4차 산업혁명 시대 미래형 인재를 만드는, 예문아카이브.

1장 온작품 읽기 중심의 독서 수업

박수진(2019). '한 학기 한 권 읽기'를 위한 독서 단원 설계와 적용에 관한 실행 연구, 석사학위논문, 진주교육대학교.

이순영(2015). '꼼꼼하게 읽기(close reading)'의 재조명. 독서연구, 37, 39-66.

처음부터 끝까지 함께 읽기

경기도중등독서토론교육연구회(2014). 함께 읽는 힘이 세다 : 지치지 않는 독서교육을 꿈꾸는 보통 교사들의 새로운 교실 이야기, 서해문집.

김정화(2003). 소리 내어 책 읽기에서 나타나는 실수를 통한 유아의 읽기 전략 분석, 한국

아동학회.

송은경(2006). 소리 내어 읽어주기 활동이 아동의 언어 이해력에 미치는 영향, 이화여자대학교 사범대학 교과교육연구소.ㅈ

오디오북 활용하기

김현진. "오디오 콘텐츠로 듣는 즐거움 느껴봐", 서울경제, 2020년 3월 19일자. https://www.sedaily.com/NewsView/1Z09E9NNWU

김희영(2018). 초등학교 고학년 학생의 오디오 스트리밍 북앱 이용 특성이 이용 의도와 실제 사용에 미치는 영향에 관한 연구, 석사학위논문, 성균관대학교.

이은호(2018). 오디오북의 현황과 전망: 출판에 미치는 변화, 한국전자출판학회, 42-49.

모둠별로 나눠서 함께 읽기

김순복(2002). 이야기 구조를 통한 이야기 글지도 방안 연구, 석사학위논문, 서울교육대학교.

이순영(2015). 꼼꼼하게 읽기(close reading)의 재조명: 독서 이론과 교수학습 측면의 의미를 중심으로, 한국독서학회, 37, 39-65.

한명숙(2003). 이야기 구조 교육의 의의 탐구, 청람어문교육학회, Vol.- No.27.

연필 없이 글쓰기

노정현, 마대성, 김정랑(2005). 멀티미디어 기술을 활용한 초등학교 수준별 독후 활동에 대한 연구, 한국정보교육학회.

독서교육지원시스템 디지털자료실지원센터(reading.ssem.or.kr/r/reading/main/main.jsp)

사회교육-로제(R.O.S.E.)(2002). ICT활용교육을 통한 창의적 학습능력 신장 1, 2, 3 : 독서교육을 중심으로, 한국연구재단(NRF).

하미경(2003). ICT와 함께하는 즐거운 독서활동을 통한 독서력 신장 방안, 화북초등학교 독서지도 연구회.

원격 수업에서도 함께 읽기

김정순(2017). 온라인 북토크를 활용한 독서클럽 활동이 중학생의 읽기 동기에 미치는 영향, 석사학위논문, 가톨릭대학교.

Easy&Fun 퀴즈앤 : www.quizn.show

Kahoot : www.kahoo.com

띵커벨 ThinkerBell : www.tkbell.co.kr

화상회의 Zoom : www.zoom.us

2장 협동학습을 활용한 독서 수업

전천후 독서 수업 메모지

Robert J. Marzano, Debra J. Pickering, Jane E. Pollock(2004). Classroom Instruction that Works: Research-Based Strategies for Increasing Student Achievement, Pearson

Read-n-Review
Spencer Kagan 구조 자료를 응용.

생각 적기
Spencer Kagan 구조 자료(Jot Thoughts)를 응용.

ThinkTrix
Frank Lyman(2015). ThinkTrix: Tools to Teach 7 Essential Thinking Skills, Kagan Cooperative Learning.

3장 스스로 질문을 만드는 독서 수업

김현섭(2019). 질문이 살아있는 수업, 한국협동학습센터.
송지헌(2014). 학습자 질문 중심의 독서 교육 연구 현행 교과서의 관련 단원 검토를 바탕으로, 독서연구, 32(32), 131-159.

질문 토너먼트 — 우리 반 질문 뽑기
제이 맥타이, 그랜트 위긴스(2016). 핵심 질문: 학생에게 이해의 문 열어주기, 사회평론아카데미.
하브루타수업연구회(2015). 질문이 있는 교실 초등편, 경향비피.

4장 인성교육 중심의 독서 수업

강인서(2017). 독서교육이 초등학생의 인성 함양에 미치는 영향, 석사학위 논문, 공주대학교 교육대학원.
이병기(2014). 독서를 통한 인성교육의 프레임워크 개발에 관한 연구, 한국도서관정보학회지, 제45권, 제4호, pp. 105-106.
정창우(2013). 학교급별 인성교육 실태 및 활성화 방안, 교육부, p. 2.

5장 스마트 미디어 기반 독서 수업

스마트교육 in 독서교육, 경인초등국어교육학회.
안현경(2012). 디지털 매체에 의한 독서방식의 변화 연구, 석사학위논문, 경일대학교.
이삼형(2019). 스마트 미디어 시대와 독서교육, 독서연구, 53(53), 9-33.

인터넷 담벼락으로 손쉽게 생각 모으기

계보경, 김재옥(2013). 블룸의 디지털 텍사노미, 한국교육학술정보원, RM 2013-6.

증강현실로 작품 감상하기

남양희(2013). 증강현실, 현실과 가상세계의 협연무대, 지식의 지평, 15, 187-203.

Billinghurst, Grasset,&Looser(2005). Designing augmented reality interfaces, SIGGRAPH Computer Graphics, 39(1), 17-22.

인터넷으로 생각을 시각화하기

Tony Buzan, Barry Buzan(2006). The Mind Map Book, BBC ACTIVE.

Tony Buzan(2007). Use Your Memory: Understand Your Mind to Improve Your Memory and Mental Power, BBC ACTIVE.

스톱모션으로 상상력 높이기

장 폴로(2004). How to Clay Animation, 커뮤니케이션북스.

GARDNER, Garth(2002). Computer Graphics and Animation: History, Careers, Expert Advice, Garth Gardner Co.

등장인물을 홀로그램으로 불러들이기

Mike Pell(2017). Envisioning Holograms: Design Breakthrough Experiences for Mixed Reality, Apress.

인상 깊은 문구를 텍스트 마이닝하기

Julia Silge, David Robinson(2017). Text Mining with R: A Tidy Approach, O'Reilly Media.

6장 예술과 연계한 독서 수업

박채형(2019). 아이즈너의 예술적 교육과정 모형에 대한 비판적 고찰, 도덕교육연구, 31(1), 65-86.

조영태(2009). 예술과 교육 : 아이즈너의 교육과정 모형 검토, 도덕교육연구, 21(1), 31-91.

Greene. M.(1995/2000). Releasing the imagination: Essays on education. the arts, and social change, San Francisco, CA: JosseyBass.

Judy Kingkaysone(2014). Reading Art: Multiliteracies and History Education, The Educational Forum 78(4):409-420.

Nicholas P. Criscuolo(2015). Creative Approaches to Teaching Reading through Art, Art Education.

본 책을 활용하는 데 필요한 활동지는 푸른칠판 출판사 블로그에 실려 있습니다. 자유롭게 내려 받아 교실에서의 독서 수업에서 활용할 수 있습니다.
푸른칠판 https://blog.naver.com/greenboard1

1장 온작품 읽기 중심의 독서 수업
줄거리 기차 독서 수업 - 줄거리 활동지

2장 협동학습을 활용한 독서 수업
누구예요? - 질문 활동지 3종
ThinkTrix - 생각틀 질문(마법사 똥맨)

3장 스스로 질문을 만드는 독서 수업
질문 토너먼트 - 쓰기 메모지
질문 다양하게 맛보기(1) - 생각하는 책읽기를 위한 질문 주고받기
질문 책 만들기 - 질문 학습지, 조각 답변지
질문카드 놀이(1) - 질문 카드
질문카드 놀이(2) - 질문 카드

4장 인성교육 중심의 독서 수업
감자 이웃으로 나눔 실천하기 - 요리 계획서
독서로 자존감 뿜뿜! - 뇌 구조도 그리기
부모님 사랑해요 프로젝트 - 부모님 발 씻어 드리기 미션
이순신과 함께하는 나의 꿈 - 연표 만들기

5장 스마트 미디어 기반 독서 수업
스톱모션으로 상상력 높이기 - 동영상
등장인물을 홀로그램으로 불러들이기 - 사각뿔대 도안

6장 예술과 연계한 독서 수업
음악과 함께 시를 느끼고 만들어요 - 시 「마왕」 전문
같은 이야기, 다른 느낌 - 연극 대본
성우가 되어 보자 - 내가 좋아하는 시 활동지

7장 놀이 활동 중심의 독서 수업
인배사(인물-배경-사건) 카드 놀이 - 인배사 기본틀, 카드
내(네) 꿈을 찾아서 - 내 인생의 버킷리스트
99초 미션 - 미션 예시 활동지, 동영상
친구야, 네 책 좀 보자! - 빙고판
인물마불 - 인물마불 판
낱말 찾기 - 낱말 찾기 활동지